哈 斯 李桂君 ◎ 著

农民股东

赋予农民更多财产权利

FARMER AS
SHAREHOLDER

中国人民大学出版社
·北京·

图书在版编目（CIP）数据

农民股东：赋予农民更多财产权利/哈斯，李桂君著. —北京：中国人民大学出版社，2016.6
ISBN 978-7-300-22787-0

Ⅰ.①农… Ⅱ.①哈… ②李… Ⅲ.①农民-土地所有权-研究-中国 Ⅳ.①F321.1

中国版本图书馆 CIP 数据核字（2016）第 079208 号

农民股东——赋予农民更多财产权利

哈 斯 李桂君 著

Nongmin Gudong——Fuyu Nongmin Gengduo Caichan Quanli

出版发行	中国人民大学出版社			
社　址	北京中关村大街 31 号		**邮政编码**	100080
电　话	010 - 62511242（总编室）		010 - 62511770（质管部）	
	010 - 82501766（邮购部）		010 - 62514148（门市部）	
	010 - 62515195（发行公司）		010 - 62515275（盗版举报）	
网　址	http://www.crup.com.cn			
经　销	新华书店			
印　刷	运河（唐山）印务有限公司			
规　格	170 mm×240 mm　16 开本		**版　次**	2016 年 6 月第 1 版
印　张	15.75 插页 1		**印　次**	2023 年 3 月第 3 次印刷
字　数	187 000		**定　价**	70.00 元

历史的道路不是涅瓦①大街上的人行道。它完全是在田野中行进的，有时穿过尘埃，有时穿过泥泞，有时横渡沼泽，有时行经丛林。不要苛求是否到达了目的地，要为行进的初衷和坚持鼓掌。

---

① 涅瓦大街是俄罗斯圣彼得堡最热闹、最繁华的街道。

序

在中国的历史上，与土地相关的变革从来都是社会变革的核心。在21世纪，中国这个农业文明的代表，又不得不再一次面对土地变革浪潮的冲击。过去30多年的改革开放发端于土地的变革，土地的使用从集约型向分散型转变，土地承包责任制发挥了重要的作用，在极大程度上解放了社会生产力。然而，随着改革的深入，中国的土地也许会从分散化再一次走向集约化。

土地的使用，从分散化走向高效率的集约化，必然会经历一个土地的流转过程。中国如何有序地实现土地从分散到集约的流转过程，是至关重要的社会变革。于中国而言，说其关乎国家命运也并不为过。

在这个土地流转过程中，不同的利益主体面临着不同的挣扎，表现出不同的行为模式。政府面临着资源整合和资源配置的困难；企业面临着获取生存空间与利益的障碍；银行等金融机构面临着长短期利益的抉择。而其中最为核心的问题是，广大农民们如何在新一轮的土地变革过程中享受到改革的红利，这无疑关乎中国发展的可持续性。

我们长期在金融投资领域工作，有幸参与了一些中国土地流转的实践，尤其是中信银行呼和浩特分行在内蒙古自治区的一些尝试，让我们深刻地感觉到了这次土地流转变革的历史意义。我们希望把我们在土地流转实践过程中的感受、思考记录下来，与对这个问题感兴趣的读者分享。也希望能够在这个历史的洪流中，记录、分析和分享所看到的土地流转实践，为中国的历史进程留下一些依稀的印记。更希望历史能够帮助后来者理解，把农民从土地上解放出来需要多么大的勇气和毅力。

本书分为六个部分，共十四章，每个部分的开篇都有概括性的引言，说明了该部分的主要思想与内容，供读者快速阅读。

本书的成书得自工作中的实践与思考，而这都离不开与我共同工作的同事和朋友的思想碰撞。中信银行呼和浩特分行的同事们为本书的调研工作提供了大力帮助；草原生态产业联盟的企业家们为本书提供了丰富的研究案例，东达蒙古集团赵永亮董事会、通辽余粮畜业王凤龙总经理对我们的研究给予了大力的支持；中央财经大学的宋砚秋博士、李玉龙博士、张敏博士、黄道涵博士，以及杨岚、张银贺等同学都对本书的写作和校对做出了贡献。于此，我们一并表示感谢！

目　录

第三部分　收益的分配方式决定土地流转的成败

第四部分　让农民成为股东

第一部分 土地流转开始了

真正的勇敢，是当你知道面临危险的时候，依然能够坦然面对，并坚持下去。

中国的人均耕地面积在全球的排名处于 100 名以外，而人口排名却是世界第一。以如此少的人均耕地养活如此众多的人口，必然需要更高的土地产出效率。而土地的合理流转是市场条件下有效配置土地资源、提高土地产出效率的重要方式，反映了生产力对生产关系的要求，也是现时破解中国土地困局的希望之路。

　　土地从来都是政府关注的核心问题，因为只有成熟的地权，才能有稳定的政权，历史的轨迹已经充分地说明了这一点。当前，中国的改革即将进入深水区，政治、经济和社会的发展都对土地流转提出了新的要求，农民生活的改善、城镇化的进程、产业结构的升级，均促使土地流转成为中国发展关键时期的关键问题。

　　土地的流转已渐渐地成为了我们不得不面对的现实，土地流转的大趋势已经不可阻挡，时机也已经来临，土地流转将使中国的土地再一次从碎片化走向集约化。

第 1 章
从 "碎片化" 到 "集约化"

　　土地是重要的生产要素，有人说土地是唯一不可再生的资源，因此，土地的稀缺性、独占性造就了它的珍贵与重要。在市场环境下，作为资源和生产要素的土地应该是可以交易的，而市场交易的结果就是土地在不同主体之间的流转，这也是本书所涉及的土地流转的内涵。因此，土地流转必然以土地产权明晰为前提，可是，中国的土地产权却介于明晰与不明晰之间，给土地流转带来了无尽的可能性与难度。

　　无论如何，土地的使用与支配总会形成相应的土地制度，它反映了人与人、人与土地的关系，既是一种经济制度，又是一种法权制度，包含着因土地归属和利用问题而产生的所有土地关系。这种生产关系也总要适应生产力发展的水平，土地产权制度演变的各国历史都已经充分地说明了这样的观点。中国的历史以及新中国成立以来的土地政策变化，也都充分地证明了生产关系与生产力必须相适应。每一次生产力与生产关系不适应的时候，就会产生一些社会矛盾，这会造成消极的影响，但同时也正是这些矛盾推动了社会的发展和进步。当然，我们希望矛盾和调整所带来的社会成本越小越好。

当前，中国的发展恰好又到了一个转折期，土地或许是中国唯一有待深入市场化的资源了。已经开始的土地流转过程，其所表现出来的种种问题，都体现了生产关系与生产力相适应的要求。

困境

改革开放以来，我国农业迅速发展，到 2013 年实现了粮食"十连增"。第一产业实现了在产值绝对值高速增长的同时，对国民经济的贡献率持续下降，产业结构有所优化（见图1—1）。

虽然绝对产值有所增长，但是与第二、三产业进行纵向比较，农业发展增长速度相对滞后，呈后劲不足之势。党的十七大以后，中共中央和国务院出台了《关于积极发展现代农业扎实推进社会主义新农村建设的若干意见》，其对发展现代农业做出了战略部署，将发展现代农业提到了前所未有的高度。走有中国特色农业现代化道路也成为社会主义新农村建设进程中的必由之路。

然而我国的农业现代化之路并不平坦，在解放与发展农村生产力、转变农业增长方式、促进农业又好又快增长的过程中，我国传统农业呈现出积重难返之势，加之现代服务业的不到位，阻碍着我国农业向现代农业转型。主要体现在以下三方面。

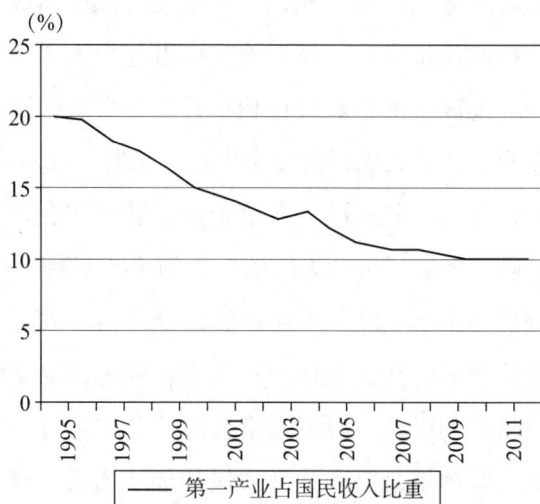

图 1—1　1995—2012 年农业占国民收入比重

资料来源：国家统计局网站《中国统计年鉴（2013）》。

农业产业结构调整和粮食生产冲突

随着产业结构的调整，农业占国民经济的比重不断缩小，农业内部结构也在不断改良，但是与此同时粮食紧张的问题也逐渐突出。为了提高农民收入，需要调整产业结构、优化农业结构，而为了解决粮食问题，需要压缩非粮食生产，二者之间没有形成一种良性均衡关系，其中的冲突也阻碍着农业结构调整的步伐。如何在保证粮食生产的基础上合理优化农业结构，是我国调整产业结构需要考虑的问题。

农民收入提高缓慢

1990 年开始非农行业收入超过种粮收入，而且这种差距在不断扩大，加之农民的收入方式逐步多元化，种粮收入低已然成为共识。非农业行业劳动力价格的逐步攀升，极大地吸引着地少人多所带来的农村剩余劳动力。在一些地区，由于农村青壮年劳动力大量向城市转移，农村出现"空心化"现象，导致农村劳动力出现"断层"，进一步加剧了粮食生产紧张的问题；在另一些地区，乡镇企业发展不充分，当地剩余劳动力不能被完全吸收，形成了劳动力的浪费与闲置，不利于农民收入增加。

同时，农资价格不断上涨、农业基础设施落后、农业风险的经济补偿机制不健全等问题的存在，无形中在很大程度上加大了农民的种粮成本，农业种植风险大大增大，而国家出台的补助政策及相关农业保险不能从根本上降低农业种植风险和弥补农民的经济损失，很多地方出现了农民"增产不增收"、"既不增产也不增收"的现象。进而导致城乡二元化趋势愈发明显，城乡差距、贫富差距逐步扩大。

不可持续的传统农业发展模式

近年来，不合理使用自然资源导致我国生态环境逐步恶化，使得我国农业经济的可持续发展面临着极大的挑战。以水稻种植业为例，我国水稻种植业"一小一大一高三低"的特点仍很明显——小农经济、水利工程量大、单产高、机械化程度低、科技水平低、商品率低。改革开放之后我国农村生产力得到极大的解放，但是与发达国家相比，我国在劳动生产率、科技对农业的贡献率、生产集约化程度、农产品商品率等方面都显得滞后，与国外有较大差距，传统农业的发展模式也很难实现可持续发展。这与对农业的投入、农村基础设施建设、农民自身素质等因素不无关系。

生产力发展要求一场土地的变革

人类历史的发展始终伴随着土地制度的变革。不同的历史发展阶段都有其特性，不同国家的土地改革毫无疑问地带有该国制度、民族、宗教、文化、经济的深深烙印。在不同的社会制度、政治环境和文化背景下，世界上很多国家都经历了坎坷复杂的土地制度变迁。时至今日，一些发达国家已形成较为完善的土地管理体系，而包括中国在内的一些发展中国家还处在探索阶段。

但是，不论发展路径如何，土地变革总是与生产力的发展相适应的。马克思的产权理论指出，产权的起源和发展都源于生产力的发展，一种产权关系或产权制度是一定生产力发展水平的产物。而作为生产关系的产权也不是消极被动的，生产关系对生产力具有能动的反作用，适应生产力发展需要的生产关系能够促进生产力发展，反之就会阻碍生产力发展，即"人们不能凭主观好恶任意选择所有制的历史形式，一定社会的所有制形式，是在该社会现有生产力水平基础上产生的"①。

15 世纪末 16 世纪初，欧洲直通印度新航线的开通、美洲大陆的发现以及环球航行的成功，使英国的对外贸易迅速增长，进一步刺激了英国羊毛出口业和毛织业的发展，养羊业成为获利丰厚的产业。于是，英国地主纷纷把土地用篱笆圈起来放牧羊群，最初圈占公有地，后来圈占小佃农的租地和公簿持有农的份地。18 世纪，《公有地围圈法》通过，地主贵族更大规模地用暴力把农民共同使用的公有地强行夺走，然后据

---

① 何干强：《两种思想体系的产权理论比较》，载《上海财经大学学报》，2005，7（5）：33～37 页。

为己有。通过此种"私有化",大量农民的土地使用权被强行剥夺,农民同自己的生产资料分离,被迫成为劳动力市场上的无产者,只有服从雇佣劳动制度和接受资产阶级剥削才能生存。这是英国历史上著名的"羊吃人"的圈地运动。然而,圈地运动却形成了适应英国当时生产力水平的土地制度:它为资本主义的发展提供了自由的劳动力,将资本主义深入农村之中,促进了城镇化进程和农牧业发展。

科斯在其著名的《社会成本问题》中也提出,在所有的经济制度中,产权制度是最重要的制度。在市场交易费用为零的条件下,产权的界定对资源配置不会产生影响,市场机制可以改变最初的产权界定,使资源实现优化配置;但如果交易成本大于零,产权的初始分配状态则很难向最优化状态变化,因而产权的初始界定会对经济效率产生影响。此后,哈罗德·德姆塞茨把"产权"看作是"一个人或其他人受益或受损的权利"。

产权的清晰界定会引导人们进行资源配置。在公共土地出售时,产权界定成本问题非常重要。如果产权界定成本非常高,势必会提高土地的销售价格,最后必然会减少土地需求量。因此公共土地在出售之前必须解决产权界定问题。

私人所有权主导的美国土地制度

从宣布独立至今,美国的土地制度变迁是一个垄断与反垄断、大地产和小农场交织在一起的复杂发展过程。美国宣布独立后,美国国会面临的最棘手的问题之一,就是如何管理、分配并开发从阿巴拉契亚山脉到密西西比河之间的大片新国土。

1784 年,曾是《独立宣言》执笔人的托马斯·杰斐逊被国会任命为专门委员会的负责人，制定西部土地立法。在规划西部国有土地时，杰斐逊精心制定了"国有土地私有化原则"和"镇区制"，打算树立一种不可变更的观念和秩序。但当时东部的大地产集团向政府施加压力，迫使杰斐逊接受"大块现金拍卖"的土地出售方式。1785 年《土地勘测法令》（Land Survey Ordinance of 1785，简称 1785 年《土地法》）规定了土地的勘地制和现金拍卖方式，而没有承认边疆开拓者的"开发定居权"，使大量优质土地落入东部大地产公司手中并闲置。

随着市场经济的发展，地产公司开始转让土地。由于西部农场主无法一次性支付高额地价，美国于 19 世纪初开始实行土地贷款制。土地贷款制较低的资本要求进一步推动了土地投机热潮，尤其是东部地产公司进行了第二轮抢购。

19 世纪 30 年代，土地贷款衍生出土地抵押，接着出现了土地银行、土地票据、土地代理人等一系列新鲜事物。此时，"不在地主"现象在美国发展得如火如荼，一些大型土地集团从事着投机、抵押和土地出租。同时，由于勘地制要求土地以标准尺度的大地块单位进行交易，而西部居民的购买力有限，导致在西部仍有大量荒野，引起了居民的非法占地使用。在共同利益的驱动下，这群占地者抱团形成一股强大势力，迫使国会在 1841 年通过"先占权法"，允许西部农场主在缺乏资本的情况下暂时拥有土地占有权。但一旦拍卖日期临近，仍无法支付地价时，农场主需要将土地出售或者抵押给土地公司，从而最终获利的仍是土地投机集团。

19 世纪 50 年代，土地分配的四分之三是以土地赠予的方式进行的。其中四分之一通过军人土地津贴加以分配，另外二分之一赠予了西部州和铁路公司。由于"不在地主"制，当时的土地交易市场和土地证券市场空前活跃，直接引发了西部土地的第三次投机高潮。至 19 世纪 80 年代末 90 年代初，整个联邦土地分配政策已基本上完成其历史使命，将国有土地中最为有利可图的部分奉献给了美国社会中拥有资本最多的集团和阶层。

19 世纪末，美国农业机械化的发展和扩大再生产引起资本短缺，农场主将土地作为金融抵押以获得资金。抵押贷款的来源有三个：一是金融中介机构，二是私人投资者，三是各州政府机构。然而 1888—1896 年西部农业连续经受严重干旱、金融恐慌、价格暴跌的打击，土地抵押繁荣变成了土地泡沫。抵押市场的崩溃导致土地的所有权转移到债权人手中，他们成为新的不在地主，然后再将土地重新出租给原来的农场主。农场所有权方式发生改变，原来的农场主成为租佃农场主，农场管理权保留在失去所有权的租佃农场主手中。[①]

到了 20 世纪 20 年代，美国尚未出售也不需要保留的公有土地基本上只剩下了西部的山地地区，这些地区不适合从事农业生产。1934 年美国国会制定了《泰勒放牧法》，依照该法对美国的牧场进行管理。在这部法律制定之前，牧民在美国的公共山地上自由地放养他们的牲畜。这部法律将美国的公共牧地划分成牧区，对牧民发放放牧许可证。到 1950 年，美国有 59 个放牧区，面积达 1.45 亿英亩。20 世纪 30 年代以来，美国土地所有权转让的次数急剧减少。1946 年负责公有土地出售的美国土地总局被撤销，其职能被并入美国土地管理局下的放牧部。

到 21 世纪初，美国形成了较为多元化的土地所有制。私人所有的土地占 60%；联邦政府占 29%，其中三分之一在阿拉斯加州；州与地方政府占 9%；其余 2% 为印第安事务局托管的印第安人保留地（见表 1—1）。[②]

---

① 参见黄仁伟：《美国西部土地关系的演进——兼论"美国式道路"的意义》，上海，上海社会科学院出版社，1993。

② 参见秦明周、Richard H. Jackson：《美国的土地利用与管制》，北京，科学出版社，2004。

表1—1   土地资源所有制类型及利用方式（百万英亩）

所有者	耕地	牧草地	林地	特殊用地与其他	总面积
联邦政府	—	152	247	248	647
州与地方政府	3	40	70	83	196
印第安人	2	36	11	6	55
私有	450	352	420	145	1 367
总计	455	580	748	482	2 265

注："—"表示少于50万英亩。林地包含公园中受保护的林地和其他特殊用途林地，特殊用地中未包括已经成林的105百万英亩已计入表中林地的土地。

私人所有权与国家发展权权衡的英国

英国悠久的历史决定了它的土地改革早于美国很多年。庄园是封建制度之下一种保有权单位。在英格兰法律中，"庄园"被视为"组织男爵法庭"的随附权利地产。庄园领主又可以把部分土地授封给别人，这些人被称作佃户。庄园领主的土地保有权是一种从属性的保有权，国王是国家全部土地的最高所有者。庄园的土地一般有四种类型：公地、自营地、维兰（农奴的统称）持有地和自由持有地。在大庄园中，领主的自营地、维兰持有地和自由持有地的比例分别为25％、51％和23％。自营地是唯一的严格意义上的领主的地产。在庄园经济中，农民经济也发展起来了。到13世纪末，庄园土地的流转已经非常活跃，当时可以在庄园法庭进行公开的土地转让。

中世纪的西欧封建社会是一个等级制社会，中世纪早期就已经出现了圈地现象。15世纪时，英格兰的一些地区便有把耕地圈围起来改作农场的做法。黑死病爆发以后，劳动力一度短缺，土地出现剩余。当时人们发现种草比种植谷物需要的劳动力少一些。于是有利可图的畜牧业使大农场主在公用草地上饲养过多的牲畜，他们用非法的手段占有土地，并驱赶平民。摧毁村庄和驱赶居民是圈地运动最严重的后果，它造成了大批村庄荒芜，人口减少。17 世纪开始后，英国政府加强了对圈地运动的控制，荒地通常要经过批准才能圈占。

中世纪后期绝大多数地产上劳役消失，从而出现了两种主要租地范畴。第一类是有不同期限的租佃权。第二类是习惯保有权。到 15 世纪末，还出现了公簿持有保有权，是指不自由佃户的法定权利被记录在地方习惯法法庭的簿册上，他们自己持有一个副本。到中世纪末，英格兰人还承认另一种新的保有权，即租地保有权，农民根据一定的条件租借占有土地。这样，英格兰乡村便有了几种保有权：自由持有保有权、公簿持有保有权和租借持有保有权。自由持有农由国家的普通法管理。公簿持有农则由庄园法庭的习惯法管理。此外，自治城市中还有自治市民土地保有权。

到了近代初期，按照土地保有权的不同，英国农民基本上分为两类，即自由持有农和公簿持有农。拥有较多土地的自由持有农是农村中的富裕者，他们中一部分属于地主。他们当时关心的不是如何发展农耕，而是地租收入。公簿持有农向自由持有农的转化，是历史的进步现象。而租地持有农的出现，本身就表现出一种修改庄园制和摧毁庄园制的迹象。自由持有农在法律地位方面有极大的优越性，其社会地位也比公簿持有农高得多。公簿持有农成为自由持有农之后，他的土地便成为自由持有地，其土地被"授予公民权"，这意味着他可以毫无保留地把土地遗赠给自己的继承人。①

20 世纪后英国进入土地制度发展的稳定阶段。第二次世界大战之后，英国面临战后重建和人口增长的压力，传统土地权利政策不能解决现实的

----

① 参见沈汉：《英国土地制度史》，上海，学林出版社，2005。

问题，土地所有权的绝对性、独占性和完全性与土地利用的社会性之间的矛盾被激发出来。为了解决当时的社会问题，英国政府先后于 1940 年和 1942 年公布了三个报告，制定了一系列法律制度。其中，《阿斯瓦特报告》指出：尚未开发的土地应该实行土地发展权国有化。所谓土地发展权国有化是指一切私有土地将来的发展权（即土地变更使用类别之权）转移归国家所有，由国家独占。私有土地仍然保持私有，从此任何私有土地只能保持原有使用类别的占有、使用、收益与处分之权。变更使用类别之权则为国家所有，由国家独占。私有土地所有人或者其他任何人如想变更土地的使用类别，在开发之前，必须先向政府购买土地发展权。反之，如果政府土地使用计划变更导致私有土地使用类别变更而降低土地的价值，政府应按地价降低所造成损失的数额予以赔偿。"土地发展权国有化"这一建议被纳入 1947 年的《城乡规划法》中，并延续至今。[①]

私有制为主、多种所有制并存的俄罗斯

俄罗斯农地的私有化是整个国家私有化进程的重要组成部分。俄罗斯真正意义上的产权改革始于 1992 年苏联解体后。俄罗斯在 1991 年先后通过了《俄罗斯联邦土地法典》和《关于俄罗斯联邦实施土地改革的紧急措施》的总统令。这两个法律文件的颁布标志着俄罗斯激进农业改革的开始，拉开了土地私有化改革的帷幕。在这个有关土地改革的第一个总统令中，首次提出了允许实行土地抵押和有条件的土地买卖。

其后，叶利钦于 1993 年 10 月又签署了《关于调整土地关系和发展土地改革》的第二个总统令。该总统令不仅规定了土地地块和土地份额所有

[①] 参见朱怡：《借鉴英国经验完善我国土地流转机制的研究》，苏州科技学院硕士学位论文，2007。

者的权利，而且进一步明确了自然人和法人都可以成为土地地块的所有者。1996 年 3 月，叶利钦又签署了《关于实现宪法规定的公民土地权利》的第三个总统令。明确规定和重申土地所有者有如下权利：可以将土地份额转给继承人；可以自由支配自己的土地份额，包括买卖、租赁和赠予；可以使用土地建立农场经济和经营个人副业；可以用土地份额交换财产或将土地份额及其使用权投入到农业企业的法定资本或股份基金中。

到了普京时代，俄罗斯土地所有制改革特别是土地私有化进程逐步深化。俄罗斯的土地所有者已经发生了根本性的改变。国家对土地的垄断所有制已被完全打破，形成了以土地私有制为主要特征、多种土地所有制并存的格局。[①] 俄罗斯土地权利的分类和土地所有权的形式见图 1—2。

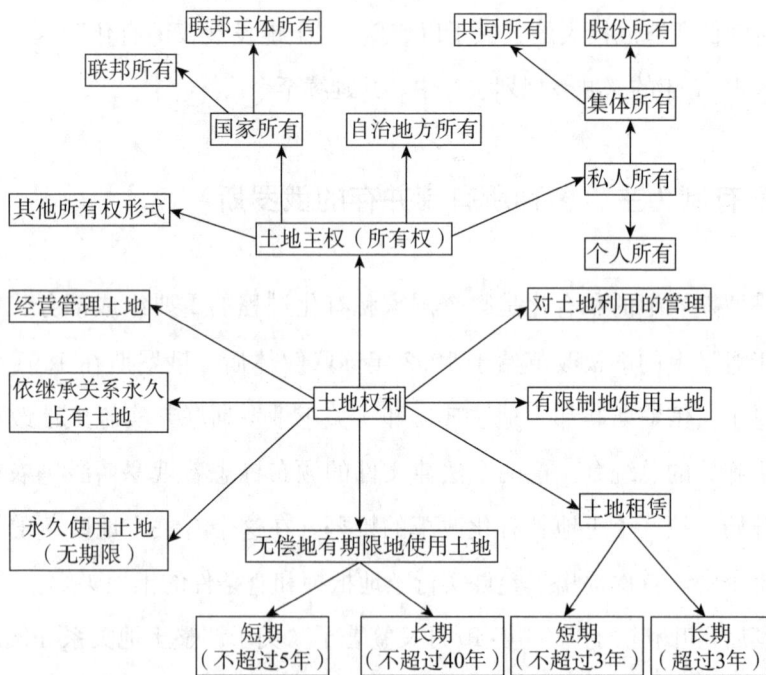

图 1—2　俄罗斯土地权利的分类和土地所有权的形式

[①]　参见贾雪池：《转轨时期中俄农地产权制度比较研究》，东北林业大学博士学位论文，2006。

耕与租佃平衡的韩国

韩国的现代农地所有制始于 1949 年制定的《农地改革法》。为了维护并发展自耕农体制，该法律规定自耕农拥有土地所有权前应取得相应的资格。农地改革废除了原有的地主佃农制，创建了自耕农制度，但缺乏事后的维持和与自耕农制度相关的补充制度的制定，使隐藏的残存佃耕地一直存在，很多生活困难的零佃自耕农再次成为佃农。

20 世纪 60 年代中期以后，获得政府援助的一部分上层农民购买农地、开发农地、租赁农地，扩大了农业的经营规模，而下层农民则破产成为佃农或离开农业到城市谋生。

到 1980 年初，虽还有地主佃农制的部分残存，但零佃自耕农减少，上层农民对农地的改良、开垦和租赁的现象增加，形成了新的土地租赁制。那些离开农村到城市的所谓"非农民"将其原有的农地租赁给在村农民，这些"非农民"与租佃农民之间的关系大部分为亲属或好友，因此在双方的租赁关系上基本上不存在高地租情况，这一点不同于旧时的地主佃农制，这被称为"农地租赁制"。[①]

由于农地租赁行为是违反《农地改革法》的，第二次农地改革的非农民和地主都没有与农民签订租赁合同，以口头契约为主，农民无法安心扩大耕种规模，降低了农业生产力，这不仅不利于租佃的农民，也不利于国家农业的发展。1986 年韩国政府推出了《农地租赁管理法》，保护了租赁农民，却引起了非农民和地主的极大反抗。随着 1994 年《农地法》的制定，《农地租赁管理法》就被废除了。

---

① 参见金正夫：《对农地租赁制的调查研究》，韩国农村经济研究院，1986。

《农地法》体现了以下原则：第一，实现宪法规定的"耕者有其田"的目标，并逐步扩大农业经营规模；第二，为增加有能力的农业经营者参与农业的机会，允许农业公司法人拥有农场；第三，农地所有者必须从事农业生产，在农地非农化时，可以处置其所有的农地。韩国把农地获得资格扩大为农业人与农业法人，但他们只有在从事自我农业经营的时候，才准许获得农地所有资格，即获得"农地取得资格证明"。《农地法》根据现实情况，规定了相关农地租赁的规则，包括租赁土地范围、租赁年限、租赁费用等。表1—2至表1—5显示了20世纪末韩国农地租赁发展状况。

表 1—2 　　　　　　　　　　　　韩国农户构成状况

	1995		1996		1997		1998	
	数量（千户）	占比（%）	数量（千户）	占比（%）	数量（千户）	占比（%）	数量（千户）	占比（%）
总农户	1 501	100	1 480	100	1 440	100	1 403	100
自耕农户	425	28.3	403	27.2	392	27.2	438	31.2
租赁农户	1 070	71.3	1 071	72.4	1 042	72.4	959	68.4
—自耕＋租赁	949	63.2	948	64.1	920	63.9	857	61.1
—纯租赁农户	121	8.1	123	8.3	122	8.5	102	7.3
无耕地农户	6	0.4	6	0.4	6	0.4	6	0.4

表 1—3 　　　　　　　　　　　　韩国租赁农地面积总览

年份	1995	1996	1997	1998
总耕地面积（千顷）	1 985	1 945	1 924	1 910
租赁面积（千顷）	838	836	837	789
租赁面积占总耕地面积的百分比（%）	42.2	43.0	43.5	41.3

表 1—4　　　　　　　　　　韩国租赁农地的不同所有者的面积

	1995		1996		1997		1998	
	数量 (千顷)	占比 (%)	数量 (千顷)	占比 (%)	数量 (千顷)	占比 (%)	数量 (千顷)	占比 (%)
合计	838	100	836	100	837	100	789	100
农户	223	26.6	212	25.4	212	25.3	155	19.7
一在村	205	24.5	196	23.5	194	23.2	133	16.9
一不在村	18	2.1	16	1.9	18	2.1	22	2.8
非农户	546	65.2	554	66.2	552	66.0	555	70.4
一在村	228	27.2	245	29.3	252	30.1	292	37.0
一不在村	318	38.0	309	36.9	300	35.9	263	34.3
国、公有地	26	3.1	27	3.2	29	3.4	31	3.9
社会团体	5	0.6	4	0.5	3	0.4	9	1.1
其他	38	4.5	39	4.7	41	4.9	39	4.9

表 1—5　　　　　　　　韩国租赁农地的耕地规模（截至 1995 年）

		平均	<0.5	0.5~1.0	1.0~1.5	1.5~2.0	2.0~3.0	3.0~5.0	>5.0
耕地 面积 (A) (公顷)	1998	4 205	869	2 239	3 752	5 232	7 330	11 251	19 549
	1997	4 099	861	2 262	3 763	5 212	7 336	10 985	19 779
	1996	4 132	882	2 263	3 744	5 239	7 325	11 131	18 953
	1995	4 095	902	2 267	3 748	5 261	9 338	—	—
租赁 面积 (B) (公顷)	1998	1 736	204	705	1 317	1 912	3 157	5 975	13 101
	1997	1 784	232	773	1 292	2 220	3 506	5 491	13 097
	1996	1 776	228	755	1 281	2 220	3 545	5 512	12 531
	1995	1 727	231	725	1 302	2 068	4 739	—	—
租赁 农地 比率 (B/A) (%)	1998	41.3	23.5	31.5	35.1	36.5	43.1	53.1	67.0
	1997	43.5	26.9	34.2	34.3	42.6	47.8	50.0	66.2
	1996	43.0	25.9	33.4	34.2	42.0	47.2	49.5	66.1
	1995	42.2	25.6	32.0	34.7	39.3	50.7	—	—

注：基于农业部农业情报统计室每年 12 月 1 日对全国 3 000～3 200 户样本农户的调查数据，并换算成全国农户数据。

私人所有权过度集中的巴西

巴西同其他西方资本主义国家一样，土地分为公有和私有两类。公有分为联邦、州和市三级所有三类。私有分为本国人和外国人私人所有两类。政府土地加上无主土地，共占巴西土地总面积的30%，剩余70%为私人所有。然而巴西的土地分布严重不均，0.9%的大农场主拥有44.6%的土地，而40%的农民拥有的土地仅为1%。巴西土地集中程度在世界上都是罕见的。土地私有的高集中度，不但导致农村发展停滞，而且导致了严重的农村社会冲突。

这种现象源于巴西独立后，大庄园主、大种植园主和上层人物大肆占有和兼并土地，并把土地交给"管家"经营，而不把土地交给渴望耕种的人，大片土地荒芜，土地利用率低下。少数人掌握大多数土地，多数人却无地可耕，所以引发尖锐的社会问题，无地农民为争取自身权益，与大地主以至政府长期对抗。

1984年巴西产生了"无地农民运动"组织，它们将农村和城市中的一些贫困、无住房、失业的人组织起来，占领无主或者大庄园主荒芜的土地。目前，类似的农民组织有30多个。过去20多年已经有数百人在对抗中死亡。为了缓解矛盾，2003年执政的卢拉总统，加大力度推动已经进行了40多年的土地改革。一是对大庄园主荒芜、利用率较低的土地进行征收，价格由评估机构参照市场价格确定，政府用国库券购买，用现金购买地上附着物。二是安置无地、无其他收入来源的农民家庭。国家按照规划向安置户发放长期贷款，安置户取得土地后，由政府颁布临时地契，10年内不得转让土地，10年后土地归农民所有，并颁发正式地契确认。三是政府划好地块后，与被安置农民签订合同。政府的职责是提供土地、贷款，并为农民定居提供道路、水、电等基本生产、生活设施和服务。农民的义务是定居，不能改变土地的农业用途，且 10 年内不能转让，只能从事农业生产。截至 2013 年 9 月，累计安置了 92 万户无地农民。集中安置的农户已形成了新的"土改村"，有的发展成了小市镇。一些边远地区 90％的市镇是土改后安置农民形成的。

第 *2* 章
成熟的地权与稳定的政权

    中国广袤的平原养育了以农业为本的华夏子孙，也把中国人的根深深地扎在了土地里，并形成了独特的农耕文明。我们的祖先认为土地乃天赐恩泽，只要有土地在，就有衣食住行的基本保障，以及世代繁衍的希望。从中国历史上看，对土地的拥有，就是对社会财富的拥有，土地拥有的数量决定了拥有者的社会阶层与地位。所谓"溥天之下，莫非王土"。对土地的理解方式形成了中国人的思维模式，即"率土之滨，莫非王臣"[①]。这种土地情结的思维方式体现在中国的方方面面，甚至是我们对海洋的认识。正如费孝通所说，中国社会的基层是乡土性的。[②] 中国历史上的历代帝王均以天下为己任，朝代更迭多因土地的争夺而起，大一统的中国是土地的完整和一统，思想认识上的一统反而似乎显得

---

    ①   出自《诗经·小雅·北山》，"溥天之下，莫非王土，率土之滨，莫非王臣"。
    ②   参见费孝通：《乡土中国》，北京，北京大学出版社，1998。

并没有那么重要。

时至今日，土地依然是所有国家政权稳定的根本，因为它是唯一不可再生的资源。不同的国家土地管理的状态和初始点也许会有不同，那是因为这里面有太多的历史偶然性。

土地从来都与政权相关

历史总能揭示最本质的发展规律。土地的分分合合即"天下大势，分久必合，合久必分"。它见证了华夏民族发展的历史：这里有一亩三分地的小农经济，有逐鹿中原的王朝统一，有从生存时期的挣扎到发展时期的努力，也有被剥削的隐忍。可以说，认识中国的历史必须从理解中国土地的分分合合开始，理解中国当前的发展与未来的发展趋势，自然也必须从认识中国土地变迁开始。史上不乏这样的事情：政权的更替因土地而起，而政权的稳固又与适合国情的土地制度的建立有着紧密联系。

在中国历史中，土地制度变迁和其发挥作用的方式是非常复杂的。[①]我们认为可以接受的看法是，在奴隶制时期，土地归国王所有，土地被分给各级贵族使用，但不得转让和买卖，于是，国王、贵族的绝对地位凸现出来。

秦朝之后，中国开始采取郡县制度，民众都是皇帝的臣民，都需要向皇帝交税、徭役。土地实行了私有化，政府按家庭占有土地的面积和人口收税。由于是私有化，就产生了土地兼并，于是有了地主和佃农的

---

① 这方面的争论很多，可以参见诸多学者对中国封建社会阶段划分的争论，具体见：黄现璠：《古书解读初探——黄现璠学术论文选》，桂林，广西师范大学出版社，2004；侯建新：《"封建主义"概念辨析》，载《中国社会科学》，2005（6）；刘绪源：《"封建"二字可延用否》，载《中华读书报》，2013-04-10。

阶级成分。

在中国，秦朝商鞅变法，废除奴隶制的"井田制"，推出了"废井田，开阡陌"法令，实行土地私有制，允许土地自由买卖，瓦解了奴隶制生产关系，促进了封建经济的发展。秦国也由此奠定了强国基础。东汉末年，吴国、蜀国实行"屯田制"，解决了军队给养问题，稳定了税赋，对于安置流民、发展农业起到了重要作用。北魏、隋唐时期的均田制缓和了土地兼并的矛盾，巩固了政权。

需要解释的是，在唐朝以前，中国的地主与佃农的关系是比较融洽的，双方的矛盾并不是社会主要矛盾。因为土地供应是非常充足的，人均拥有土地的面积相当宽裕。作为佃农比自己拥有土地更易于逃避赋税和徭役。

以一个五口之家为例，家庭拥有土地15亩，假设人丁税是每人1亩，土地税是5亩，该家庭每年需要交的税为10亩的收成。如果该家庭租用别人的土地，租金每年3亩，加上人丁税，该家庭的每年税收是8亩的收成。加之卖掉土地还会有一笔收入，此时，该家庭最可能的选择是放弃自己的土地。除非该家庭可以通过兼并别人的土地成为地主，这样的好处一是可以提高单产，二是当土地达到一定规模后，政府普查不及时（一般三年普查一次），就可以藏匿大量的耕地不报，以减少赋税。所以一般情况而言，中国地主阶级和农民阶级的合作还是非常愉快的。

由于唐朝的农民们通过放弃土地可以逃避赋税和徭役，因此出现了大量的撂荒耕地，农民们更愿意去租用地主的土地进行耕种。此时，地主阶级和农民阶级的关系缓和，对国家而言，增加财政收入的最好办法便是增加农业人口，进而演变成鼓励生育。因此，隋唐之后，中国人口大量增加，土地与人口的矛盾才又开始突出。唐代的相关土地政策也有力地缓和了地主阶级与农民阶级的关系，唐太宗的"租庸调"政策仍属于均田制，按每家人口数量分配土地，这个政策等于消灭了地主阶级。由于人口普查和土地普查难度很大，唐朝中后期又改变为"两税制度"，所有赋税都按土地面积收缴。由于赋税与土地面积成正比，所以地主们依然要依赖于佃农。如果某个地主的佃租过高，佃农们自然流到佃租少的地方，该地主的土地就会大量撂荒，而赋税不减，所以客观上平抑了佃租的价格，减少了阶级矛盾。"两税制度"提高了管理效率，从唐中后期一直实行到清代末，足见其对政府管理的作用，却也为后来土地兼并打开了缺口。

至明、清时期，土地可以自由买卖，国家制定了相关的法律规范来支持买卖，土地流转的市场渐趋完善，但由于人口数量庞大，土地供应不足，人均土地面积减少，贫富差距开始拉大，阶级愈加分化，地主阶级与佃农的矛盾渐渐成为了社会的主要矛盾之一。民国时期，土地买卖更加普遍，土地日趋集中，农民的赋税、地租上涨，社会矛盾逐渐激化。

而在近代新民主主义革命时期，中国共产党制定了适合中国国情的土地政策，废除封建土地所有制，实行农民土地所有制，争取了广大农民的力量。后来国民党吸取了失败的教训，在台湾首先推行土地改革，稳定了台湾局势，极大地激发了佃农购置土地及生产的热情，给农民特别是佃农的生活带来了极大的改善，为台湾经济的振兴打下了基础。

回顾曾经的"日不落"帝国的发家史，英国在两三百年的扩张历程中，其足迹踏遍北美洲、大洋洲、中国香港、印度次大陆、非洲等地区，凡米字旗所到之处，颁行的第一部法律必定是土地法。无独有偶，1898年德国强获青岛"租借"权，随后颁布土地立法，规制土地买卖与地税征收，设立管理机构。土地制度对于政治的重要性可见一斑，即便是稳固对占领地区的奴役，土地政策也是行之有效的方法。

许章润提出，"土地制度事关国家理性，土地所有权尤其关乎国家德性"①。土地制度不仅关乎农民如何利用土地耕种劳作，它是人民与政权之间以及人民内部之间相互承认的法权，更关乎政治的稳定性，承载着国家政治的秩序与核心。在政治生活中，民众有着追求"公平"、"自由"、"福利"的期望，对于土地资源的占有曾经是民众满足期望的方式之一，有时甚至是唯一方式。然而当所有利益群体都追求土地带来的福祉时，"分享"便成了必要方式，也是政治德性的表现。对于土地所有权，以及"七十年居住权"、"三十年承包经营权"等土地权利的安排，其实是公共利益的界定与分配，从根上说是政治建设问题，关乎公共权利的合法性和国家本身的正当性。

新中国成立以后，《中国土地法大纲》确立了均分化的农民私有制。1953—1956年，中国开始探索适应社会主义的土地制度，先后经历了具有社会主义萌芽性质的互助组，土地入股统一经营的初级社，以及土地、耕畜、农具等折价归集体所有的高级社三个阶段。此后，中国开始向社会主义、共产主义大踏步前进，发起了人民公社化运动。尽管此期间盲目的平均主义影响了生产力的提高，但土地公有制得以确立并巩固，对我国土地制度的发展产生了深远的影响。

1978年，安徽省凤阳县梨园公社小岗村的18户农民实行承包经营，成为家庭联产承包责任制的初次尝试，是当时农民强烈要求农村制度变革的体现。在这样的思想趋势下，十一届三中全会通过了《关于加快农业发展若干问题的决定（草案）》和《农村人民公社工作条例（试行草案）》，提出建立严格的生产责任制，肯定了包工到组、联产计酬等农业生产组织方式，打破了计划经济的框架，为农业的发展提供了方向，为

---

① 盛洪、沈开举：《土地制度研究》，北京，知识产权出版社，2012。

农村经济体制改革提供了政治条件。

1980 年 9 月，中共中央提出建立"多种形式的生产责任制，总起来可分为两类：一类是小段包工，定额计酬；一类是包工包产，联产计酬"。这意味着从法律制度上肯定了农村土地承包到户。1982 年和 1983 年的"中央一号文件"中提出，要实行生产责任制，特别是联产承包制，实行政社分设。自此，对包产到户、包干到户的肯定，使家庭承包经营在全国得到迅速推广，持续了 20 多年的"统一经营、集中劳动"的土地制度和农业生产经营方式成为历史。土地制度随之进行了重大改革，实行了"两权分离"的农地制度，即土地的所有权归村集体所有、农户通过承包获得使用权。

以家庭联产承包责任制为核心的农村第一步改革，改变了中国农村经济多年停滞的局面，避免了农业生产中监督困难的缺陷，最大限度地提高了农业生产效率，这是中国改革开放政策实施以来取得的最主要成就之一。

在确立家庭联产承包责任制的初期，考虑到承包经营权的流转可能引发生产关系混乱，为了维护制度稳定，国家禁止承包经营权流转。1982 年《宪法》规定，"任何组织或者个人不得侵占、买卖、出租或者以其他形式非法转让土地"。

随着农民生产积极性的提高，个体劳作的差异逐渐显现，平均分配土地、农地面积小、承包时间短等弊端显现。为解决这些问题，扩大生产规模，提高经济效益，1984 年，中共中央在《关于一九八四年农村工作的通知》中提出土地承包期一般在十五年以上，允许在集体同意的情况下社员转包土地，但自留地、承包地不准买卖，不准出租。这是政策上第一次打开农地流转的口子。1986 年，《关于审理农村承包合同纠纷案件若干问题的意见》中明确规定："承包人将承包合同转让或转包给第三者，必须经发包人同意，并不得擅自改变原承包合同的生产经营等内容。"1988年，第七届全国人民代表大会将"土地的使用权可以依照法律的规定转让"写入《宪法》，确立了土地使用权合法流转的宪法地位。至1990年，全国转包、转让农村土地的农户为208.9万户，占总农户的1.0%，转包、转让的农村土地达637.9万亩，占总面积的0.44%。

随后，国家法律、政策开始逐渐规范、扶植土地承包经营权的流转。1995年，农业部《关于稳定和完善土地承包关系的意见》再次表示"应保持土地承包关系的长期稳定"，以及"建立土地承包经营权流转机制"，"在坚持土地集体所有和不改变土地农业用途的前提下，经发包方同意，允许承包方在承包期内，对承包标的依法转包、转让、互换、入股，其合法权益受法律保护"。2001年中共中央《关于做好农户承包地使用权流转工作的通知》，系统地提出了土地承包经营权流转政策，纠正土地流转中存在的面积过大、期限过长、速度过快问题，引导土地流转的健康平稳发展。

随着社会经济的发展，农村经济收入有了很大提高，农民经济来源多样化，土地的重要性下降。伴随产业结构调整以及城镇化进程，农民的流动量增加，部分农民选择进入城市，出现土地承包量与经营能力不一致的矛盾，有田无人耕和有人无田耕并存。2002年之后的法律、法规对解决该矛盾的有效土地流转机制进行了探索。

2003年，《中华人民共和国农村土地承包法》明确了"通过家庭承包取得的土地承包经营权可以依法采取转包、出租、互换、转让或者其他方式流转"的法律规定，对土地流转进行了原则约束，为土地流转实践奠定了法律基础，这标志着中国土地承包经营权流转制度的正式确立。2007年，《中华人民共和国物权法》确认土地承包经营权是物权，并对土地承包经营权人予以保护。2008 年中共中央《关于推进农村改革发展若干重大问题的决定》指出，要减轻严格规范的农村土地管理制度，加强土地承包经营权流转管理和服务，建立健全土地承包经营权流转市场，按照依法、自愿、有偿原则，允许农民以转包、出租、互换、转让、股份合作等形式流转土地承包经营权，发展多种形式的适度规模经营。

总之，对于土地承包经营权的流转，由改革开放初期的"禁止"到对流转的初步尝试，再到写入《宪法》、确立法律地位，以及由法律引导承包经营权的流转、愈加注重对农民利益的保护，承包经营权流转的政策不断完善。"保留承包权，转让使用权"的土地流转制度改革逐步推进农村市场化进程，提高土地使用效率，提高农作物生产的规模化，顺应农业发展趋势。

效率与公平的权衡

效率与公平的权衡一直以来都是各个行业、部门所要重点关注的问题之一，对于土地流转的方式而言，效率与公平的权衡同样是非常重要的关注点。每个国家的土地流转政策都要尽量做到效率与公平兼顾，但不同国家的土地流转方式不同，它们对于效率和公平的侧重点也不尽相同。

英国——更加注重公平

土地发展权制度始于英国，1947 年英国的《城乡规划法》规定，一切私有土地将来的发展权转移归国家所有，由国家独占，实行所谓的土地发展权"国有化"。从英国法律对于土地发展权的规定来看，英国土地发展权归国家所有，权利属性具有公权性，价值取向偏重于公平。土地发展权的核心内容是约束性开发控制规划。英国的城市规划一般以土地的合理利用、公共物品的有效供给、空间要素的最佳配置、社会利益的公平博弈为目标。英国政府通过将国有土地发展权收归国有，以收购、调配和改售的方式干预土地使用，可以更好地实现这些目标。现实中，土地的开发价值受土地使用性质和土地开发强度的制约，因此在土地的分配和再分配过程中，英国政府通过对一系列因素进行考量，制定城市土地开发规划管理制度，以达到短期利益和长期利益以及各利益集团之间的平衡。

英国土地产权制度具有所有权与使用权相分离的特点。为了实现收益分配的公平，关键在于界定土地流转中各个主体的权利分配，尽量在保证土地所有者基本利益的基础上，使得土地经营者能够享有合理利用土地的权利，实现土地资源的优化配置。英国土地流转制度赋予土地持有者自行决定土地用途的权利，或将土地进行买卖，或将土地进行出租或抵押。英国法律在土地买卖双方、出租方与承租方的权利义务分配上均有意识地保护了土地持有者的合法利益。因此，英国的土地流转制度充分体现了对土地所有者权益的保护，提高了其土地的价值和其本身的地位。另外，交易的许多环节都有明确的法律条文规定，各类专业团体也能够对相关问题提供优质廉价的咨询服务，因此对于租赁双方来说，一般不存在信息不足和信息不对称现象，充分保证了交易的公平性。英国的土地流转呈现出市场调节和政府规制相辅相成的模式，现实中不可避免地会出现各方利益间的冲突，英国政府采取土地补偿机制和收益分配机制以平衡各方利益。

美国——更加注重效率

　　20 世纪 60 年代末，美国政府在土地用途管制的基础上，效仿英国的做法，建立了土地发展权制度。土地发展权制度实施 50 多年，遍及全美国。与英国的土地发展权制度不同，美国的土地发展权制度的价值取向注重效率，因为土地发展权归私人所有，激发了农地所有者保护农地的积极性。美国土地发展权的权利归属不同于英国，而是归土地所有者拥有。

　　美国的土地在土地发展权制度建立之前，主要是通过土地用途管制制度来进行调控的。政府对于私人土地所有人实行严格的管制，但是却不做任何的补偿，所以土地用途管理制度一直伴随着反对的声音，它被认为侵犯了土地所有人的财产权。而引入了土地发展权制度之后，农场主通过土地发展权将会获得一笔可观的收入，这样能减少土地规划在实施过程中所遇到的阻力。美国土地发展权最主要的一个特点是引入了市场机制，通过市场而不是通过政府的强制手段来进行资源的有效配置，从而能够调动起土地所有者更强的积极性，也使得土地发展权制度经过了 50 多年的发展，遍及全美，对美国农地、自然资源、生态资源的保护发挥了举足轻重的作用。

　　英国和美国土地流转的实践从一定程度说明了，在社会发展的特定阶段，执政者维护政权稳定的本质依然要回归到人们追逐利益的本性上来，做好了土地流转的利益分配问题，政治上的正义才能更好地实现。维持政权的稳定，需要保证各阶层对财富"取之有道"，即按照一定秩序公平竞争，保证更多公民有追求"公平"、"自由"、"福利"的希望和机会。在现有情况下，土地制度的安排应做到两个方面：第一，把蛋糕做大；第二，把蛋糕分好。

土地流转是一个艰难的选择

中国用较少的人均耕地养活了更多的人口，必然需要土地的集约效率更高。国务院原总理朱镕基曾说过，最令他头痛的事是农民增加收入的问题。他认为在粮食供过于求的条件下，可行的方式是转变农业种植方式和产业结构的调整，因为供大于求的状况会进一步降低从事粮食种植者的收入。退耕还草、还林等一系列措施都是为了更好地调整中国农业的产业结构，目前看来还需要一个相当长的时间来发挥作用。

单纯考虑这方面的流转制度设计会有许多可行的选择，只要把土地集中，交给专业的农业企业运营，就能扩大土地产能，提高产出效率。土地流转是一个把蛋糕做大的过程。然而如何分蛋糕却是限制流转的瓶颈。权利的流转必会带来利益在不同阶层中的转换，当土地流转以某一阶层的大量利益流出为代价时，流转制度的合理性就会受到质疑，相关社会问题及不稳定因素会增加。关于地权的分配，关乎政治建设之道。如何协调好土地、人民、政权的关系，才是土地流转制度设计的核心所在。

中国的土地利用中有一条"切实保护耕地"，其作为一项基本国策，经过不断宣传，已经深入人心。然而很少有人真正思考，为什么要保护耕地。通常的逻辑认为，保护耕地就意味着农业稳定，粮食安全，摆脱对国际市场的依赖，维护主权的独立，等等。

耕地是指种植农作物的土地，保护耕地就是要保护耕地的质量和数量，即禁止把农用地转成非农用地。出发点无疑是好的，然而经济学家茅于轼指出，这个普遍逻辑的背后存在着如下不合理之处。[1]

---

① 参见盛洪、沈开举：《土地制度研究》，北京，知识产权出版社，2012。

首先，我国已经度过了粮食制约时期。按马尔萨斯的人口理论，粮食生产赶不上人口的增加，确实制约着人类发展几千年之久。古代人们生产力有限，对抗自然灾害的能力也欠缺，粮食始终是决定人生存繁衍数量的重要因素。然而 18 世纪之后，人口和寿命的增长速度超过过去的 10 倍，慢慢地人类社会挣脱了粮食的制约。近年来，我国粮食单位面积产量不断增加，人均粮食产量也逐年增加，2010 年开始超过国际公认的 400 公斤安全线（见表 2—1）。在步入粮食安全时期，对于粮食的态度和政策应当予以合适调整，一味强调增加粮食产量，会导致农业的过多投入，影响其余产业的资源分配。

表 2—1　　　　　　　　我国近年人均粮食产量

	2012	2011	2010	2009	2008	2007	2006
人均粮食产量（公斤）	436.50	425.15	408.52	398.74	399.13	380.61	379.89
粮食单位面积产量（公斤/公顷）	5 301.76	5 165.89	4 973.58	4 870.55	4 950.80	4 748.30	4 745.17

资料来源：国家统计局网站。

其次，我国没有很好地利用世界粮食市场。在粮食进口上，中国一直采取较为保守的政策，甚至在 2011 年以前，中国仅允许进口少量的优质大米和小麦，而玉米进口量近乎为零。为守住自给红线，在 2008 年 10 月的中共十七届三中全会中还明确提出了"坚决守住 18 亿亩耕地红线"。至 2012 年，这三种主粮的进口量增加，2012 年、2013 年净进口量在 1 300 万吨上下，然而也只占国内消费量的 2% 左右。政府一再表示中国粮食进口量不会大幅度增长，保证中国粮食自给率在 95% 的"红线"范围内，并以此为荣。

然而，"红线"的突破是一种未来趋势。根据 1998 年以来粮食消耗的增长速度计算，到 2020 年粮食年消耗总量极可能突破 6.5 亿吨，而依据

《中国食物与营养发展纲要》，2020年中国粮食生产能力为5.5亿吨，粮食进口是必然选择。此外，中国近年来粮食进口量的增加根本原因在于国际粮食价格低于国内粮食价格。我国农户经营规模没有发生实质性的改变，土地利用率较低，再加上政府干预市场，不断提高粮食的最低收购价格或零售储备的价格，使得国内粮价高于国际粮价，市场的力量促使进口量逐年增加。在全球化市场中，一味地强调保护耕地也许不再是最安全的选择。不提高土地生产效率，不及时地对土地制度进行调整，带来的后果不仅是土地资源的浪费，也许更是来自国际市场的抛弃与惩罚。

图2—1显示了1978—2013年我国粮食作物播种面积及我国粮食总产量的趋势。从图中可明显看出，在1998年以前，我国粮食作物播种面积呈逐渐下降趋势，然而粮食总产量不断上升，说明生产效率的提高带来的效应大于耕地减少的影响。然而1998年以后，这种现象难再出现，二者基本保持一致趋势。2003年，耕地面积与之前几年相比有所减少，导致该年的粮食产量极低。

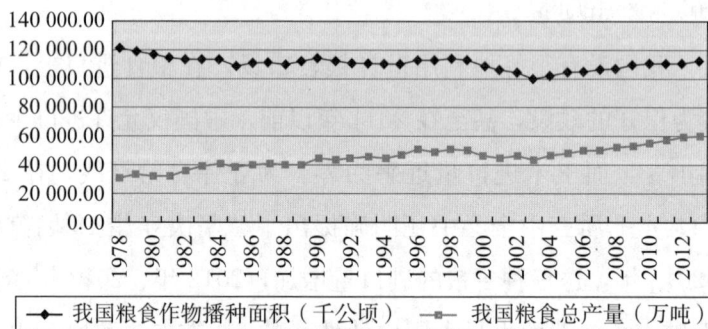

图2—1　1978—2013年我国粮食作物播种面积及我国粮食总产量趋势图
资料来源：国家统计局网站。

事实上，我国粮食单位面积产量逐年增加（见图2—2），但增加的幅度尚不能带来较大面积的土地资源节约。在土地政策的制定上，是要偏向于保护耕地面积，还是要通过制度的改变，提高土地使用效率和农业现代化，把节约的资源分配给同样需要土地的城镇、高速路、生产企业，是一个值得权衡与思考的问题。

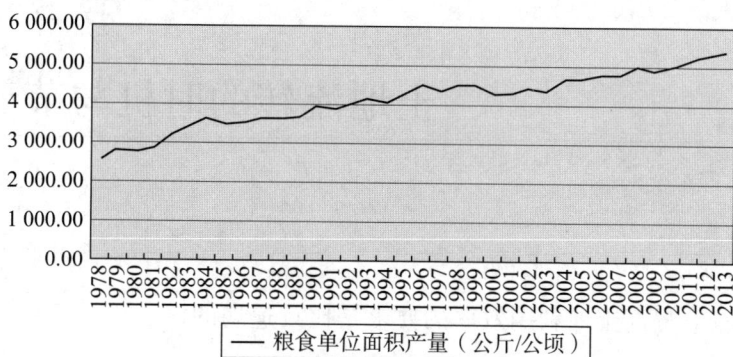

图 2—2　1978—2013 年我国粮食单位面积产量趋势图

第 3 章
土地流转的时机与节奏

　　目前，提高土地利用效率的要求是比较迫切的，农业产业结构调整的需求也是迫在眉睫。同时，由于农村劳动力的转移，城镇化进程的加快，土地的供给也出现了结构上的可行性，农业用地出现了流转的空间，甚至出现了土地撂荒的现象。而且，现实中产业资本与金融资本都对土地流转有浓厚的兴趣。应该说，中国土地流转的大幕已经拉开了，但是土地流转的变革需要时机和对节奏的把握，如同其他改革一样。治大国本就如烹小鲜一般，火候是极其重要的。

　　土地流转时机与对节奏的把握是对土地流转各利益相关方的重要考验。土地流转太快、规模太大是不行的，没有正规化和规模化的土地流转市场，交易是混乱和危险的，所有人的利益都很难保障。更重要的是，所有土地流转的利益相关方都需要一定时间做好心理上和知识上的准备。我们甚至觉得这些思想和知识上的准备比制度上的准备更重要。

否则，即使是合理和适当的改革措施，当它不被理解和接受的时候，最终仍将毁掉土地流转改革的成功，甚至危及国家安全。土地流转的速度慢了也许会降低国家和社会的发展速度。但是，慢一点也许更为稳妥。我们整体上认为中国的土地流转在保证方向正确的同时，避免冒进的风险更重要。目前的土地流转改革已经是实践推着理论和政策在走了，很难走得更慢了。

中国土地产权制度变化的契机

新中国的土地产权及产权制度也是与时代的发展紧紧相扣的，60多年的时间，大体上经历了私有产权到公有制，再到个人承包经营责任制的演变过程。新中国成立之初，百废待兴，稳定政权的唯一方式就是实现中国农民世世代代的梦想——耕者有其田。于是，农民土地私有制顺势而生，并减免了地租，对于政治稳定、激发农民积极性起到了重要作用。1952 年全国粮食总产量高达16 391.5万吨，比 1949 年增产5 073.5万吨[①]（见图 3—1），充分显示了适应时代需要的制度所发挥的作用。

时局稳定后，中央开始了建设社会主义的探索，在农业合作化之后建立了"集体所有、集中经营"的土地产权制度，附着在土地上的所有权、使用权、收益权都交给集体，土地产权的所有者由个人逐渐过渡为集体。这个过渡是通过合作社及人民公社逐渐完成的，避免了剧烈变迁的动荡和不规模经济的发生，农民在建设社会主义的目标下被激发出了生产热情。在耕者有其田的基础上发展社会主义合作经济，通过农业合

---

① 参见国家统计局国民经济综合统计司：《新中国六十年统计资料汇编》，37 页，北京，中国统计出版社，2009。

作把小农经济演变成社会主义经济也是相对比较符合我国国情的选择。但事实上也存在着操之过急、忽视生产力水平现状、违背自愿互利的原则等情况，产权的不清晰预示着制度变革不可避免。

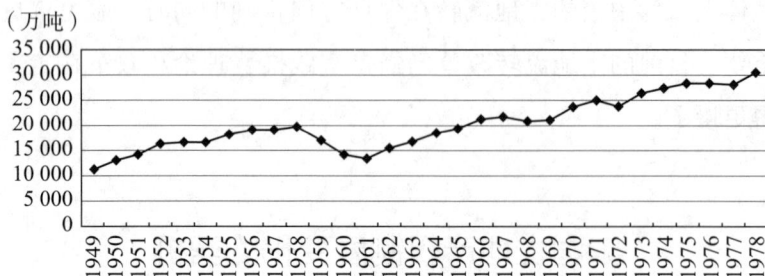

图 3—1   1949—1978 年粮食总产量

资料来源：国家统计局国民经济综合统计司：《新中国六十年统计资料汇编》37 页，北京，中国统计出版社，2009。

　　党的十一届三中全会的召开及家庭联产承包责任制的确立始终是新中国历史上最辉煌的一幕，它以自我改革的方式摒弃了阻碍生产力发展的旧生产关系。家庭联产承包责任制是土地集体所有制与市场经济的结合点，将土地产权分离，所有权归集体，使用权归农户，农户再度成为自负盈亏的主体，并在私人难以完成的大型水利建设、农田基本建设方面充分发挥集体的优势，农业生产的资源投入得到了保证。自 1978 年后，我国粮食总产量一直在 3 亿吨以上，并基本上呈现上升趋势[①]，如图 3—2 所示。

　　在家庭联产承包责任制实施初期，为维护制度的稳定，农民仅拥有使用权，并没有农地交易权，并且此时农民对于土地交易的需求并不高，即使后来政策有所松动，实际流转的土地也并不多。1992 年全国只有473.3 万户承包农户转包、转让农地，占承包土地农户总数的 2.3%，流

---

　　① 参见国家统计局国民经济综合统计司：《新中国六十年统计资料汇编》，37 页，北京，中国统计出版社，2009。

转土地的面积为 77.4 公顷，占承包农地总面积的 2.9％。[①] 人们沉浸在自主经营的喜悦中，希望像祖祖辈辈一样，通过家庭的力量和对土地的利用，实现小康的梦想。

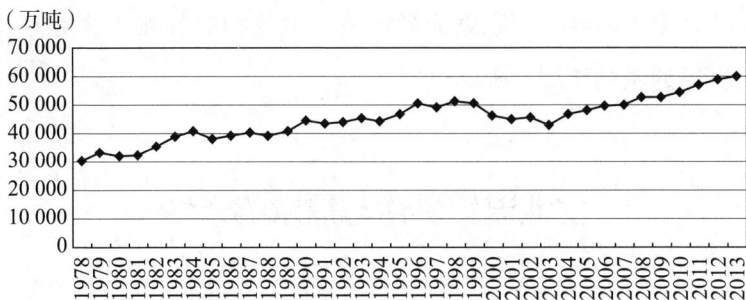

图 3—2　1978—2013 年粮食总产量

资料来源：依据国家统计局国民经济综合统计司《新中国六十年统计资料汇编》及国家统计局网站数据整理。

　　然而，家庭联产承包依然具有一定"均田制"的性质，绝大多数地区农地平均程度甚至超过当年土地改革的"按人分配"[②]。随着个人能力、对机械化利用程度不同以及部分家庭转而从事非农行业，家庭生产的效率出现差异，追求土地面积的公平与生产效率的提高成为矛盾。为克服这个缺陷，自 20 世纪 80 年代起，中央政府逐渐开始改革，探索在相对公平的前提下提高生产效率的新模式。典型的探索有 1986 年北京顺义的"土地规模经营"、1987 年山东平度的"两田制"等。

　　土地规模经营指在尊重农民意愿的基础上，组建集体农场，与乡、村集体合作经济组织签订承包合同，以交提留的形式租赁土地，取得土地使用权。两田制指按照公平效率分离的原则，将农户承包的土地区分为口粮田和责任田两种。前者按均分的原则分配，承担农户的基本口粮；

---

①　参见中华人民共和国农业部：《中国农业发展报告》，139～140 页，北京，中国农业出版社，1995。

②　杜润生：《杜润生自述：中国农村体制变革重大决策纪实》，155 页，北京，人民出版社，2005。

后者按效率原则实行适度竞争，按人、按劳或招标承包，主要承担收入、就业等功能。制度实施后，两地粮食总产量、生产率都稳步提高。[①] 实践证明，家庭联产承包责任制也应该随着时代的演进、生产力的提高而进行革新，因人而异、因家庭而异调整土地权利的分配能够更好地发挥产权对农民的激励作用，提高效率。

土地流转供给与需求的条件

流转土地供给充足

2008—2012 年，农民工数量逐年递增，2012 年为 26 261 万人，比 2008 年增加 3 719 万人，年均增加 929.8 万人；2012 年农民工数量占乡村就业人员比例达 60.42%，比 2008 年增长 3.5%。其中超半数的农民工选择外出，自 2008 年的 14 041 万人增加至 2012 年的 16 336 万人，与农民工总数基本同程度地增长，且外出农民工占乡村就业人员比例在 2012 年达 37.59%（见图 3—3 和图 3—4）。

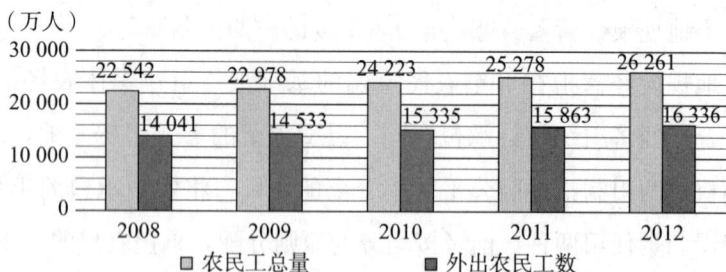

图 3—3　2008—2012 年农民工与外出农民工人数

___

① 参见冀县卿：《改革开放后中国农地产权结构变迁与制度绩效：理论与实证分析》，103～107 页，北京，中国农业出版社，2011。

（%）

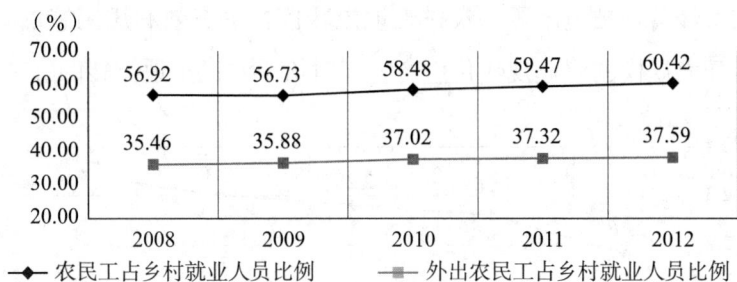

图 3—4　2008—2012 年农民工与外出农民工占乡村就业人员比例

农村劳动力从业结构改变，从事第一产业的农村劳动力向第二、三产业转移，农村劳动力的转移已经成为经济发展中的重要组成部分。第一产业对劳动力的需求逐年下降，而第二、三产业所需劳动力则呈现逐年上升趋势，促进了农村劳动力进一步向非农行业转移。2012 年第一产业就业人数为 25 773 万人，占比 33.6%，与 2008 年对比，第一产业就业人员下降 4 150 万人，下降 13.87%，占比下降 6 个百分点（见图 3—5）。

（万人）　　　　　　　　　　　　　　　　　　　　　　（%）

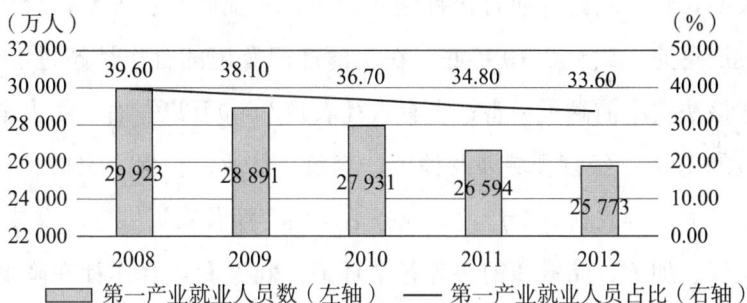

图 3—5　2008—2012 年农民工与外出农民工占乡村就业人员比例

由于大量农村劳动力外流，农村居民家庭经营耕地面积也呈每年递增的趋势，自 2008 年的 2.16 亩/人增加至 2012 年的 2.34 亩/人，增长率达 8.3%（见图 3—6）。

总体来说，对于拥有零散土地的农民承包户，务农所得比务工所得低，为了追求更高的利益，农民纷纷选择外出打工，家中留置老人儿童，耕地无人经营，被迫闲置。农村土地流转信托可有效利用闲置的农用土地，展开大规模的农业现代化生产，同时给予农民土地流转的红利。

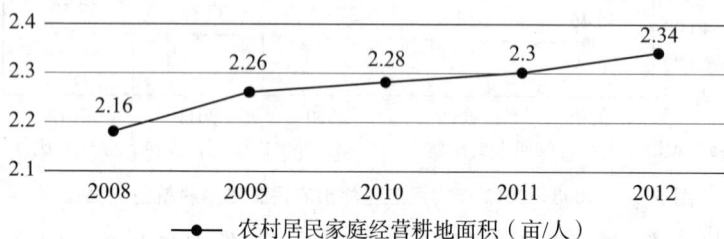

图3—6 农村居民家庭经营耕地面积

流转土地需求量大

土地使用者包括农业大户、农民专业合作社、现代化农业企业等。研究表明，自《农民专业合作社法》颁布、实施后，农民专业合作社在全国发展迅速，截至2010年底，在工商部门登记的合作社超过了31万家，比该法实施前翻了一番；实有入社农户2 600万户左右，约占全国农户总数的10%。经营领域涉及种植、养殖、林业、植保、农机、技术信息、手工编织等农村各个产业，业务活动内容涉及农资供应、农技推广、土肥植保、加工、储藏和销售等各个环节。农民专业合作社在降低农民交易成本，提高农业生产经营的组织化、规模化、现代化，促进农村经济和社会发展等方面，日益发挥着重要作用。

种粮大户是为了进行规模化经营，在一定条件下农户跨区、跨村、跨屯转入土地逐渐形成的。根据农业部的调查，从划分标准来看，在北方地区一般将拥有100亩以上耕地的农户统计为种粮大户，南方则以30亩为标准。

目前，种粮大户的数量在迅速增加，全国范围有47.84万户，经营的耕地面积达9 744.08万亩。其中黑龙江省和黑龙江垦区的规模种粮户合计超过了 30 万户，内蒙古自治区和吉林省的种粮大户均超过 5 万户。种粮大户的兴起代表了我国现代农业的发展方向，成为我国加快农业科技进步、提高粮食综合生产能力、实现农业现代化的重要途径。

从土地组成来看，北方地区的种粮大户中，有 53.72% 的土地来自自家承包地，25.8% 来自土地短期流转，10.83% 来自长期租赁，1.15% 来自拍卖（见图 3—7）。南方的种粮大户中，有 22.71% 的土地来自自家承包地，51.38% 来自短期流转，14.24% 来自长期租赁，1.06% 来自拍卖（见图 3—8）。由此可以看出，短期流转、长期租赁是种植大户的重要土地来源，农村土地流转信托的推出，为种粮大户筹集土地提供了捷径，促进其向更大规模的方向发展。

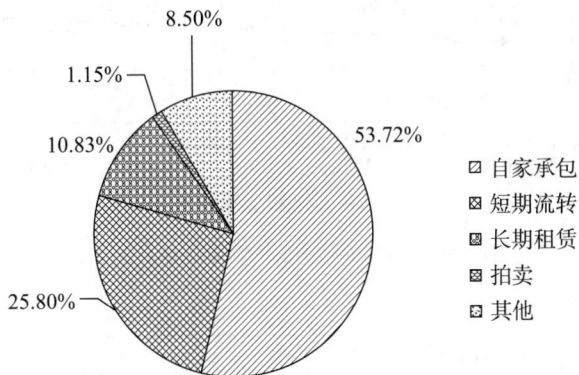

图 3—7　2012 年北方种粮大户土地组成

农业机械化发展是现代农业的重要保障，为农村土地规模化发展提供了重要条件，保证了农村土地流转信托的稳定收益（见图 3—9）。

我国农业生产已经基本实现了全程机械化，"十五"期间我国农机固定净资产达到 3 530 亿元，其中拖拉机、联合收割机等的保有量实现了快速增长，耕种收综合机械化水平接近 10%，同时重要的农业机械和重要的农业机械化技术得到了推广和使用。早在 2011 年我国农作物耕种收综合机械化的水平就达到了 50% 以上，实现了农业机械化的快速发展（见

图 3—10)。

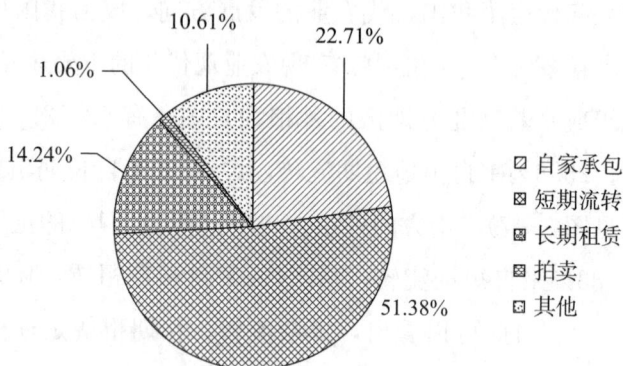

图 3—8　2012 年南方种粮大户土地组成

（万千瓦）

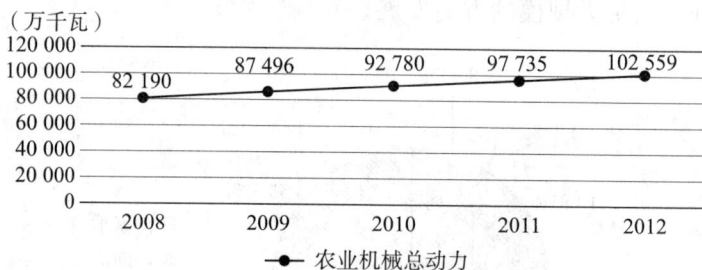

图 3—9　2008—2012 年农业机械总动力

（万台）

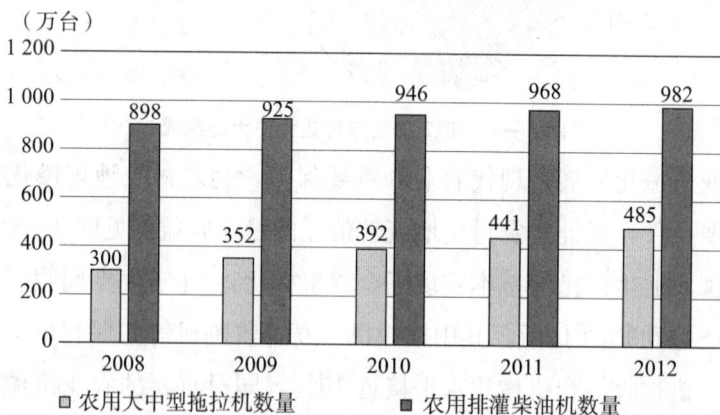

图 3—10　2008—2012 年农用大中型拖拉机与排灌柴油机数量

农业规模化生产加速

在土地流转现象及流转制度不断深化的背后，是土地分配与生产能力的失衡。造成失衡的重要原因之一，就是农业现代化、规模化、集约化生产的趋势。

步入21世纪以来，"全球化"、"经济村"、"信息化"等热词不断出现，各国的经济联系愈加紧密，中国农产品市场无法逃脱全球市场的压力，农产品竞争日益激烈。我国人口多，人均耕地少，农业生产既要满足全国人民的吃、穿需要，又要保证一定程度的出口，以稳定国际地位，其面临的挑战十分艰巨。与其他国家农场经营、现代化生产相比，如果坚持以家庭联产承包为基础的小规模生产经营，就如同落回旧中国手工纺线与国外机器织布的比赛中，在质量、产量上无法达到市场要求。因此，发展和应用现代化的农业技术，利用规模化生产提高土地生产效率，带动农业专业化的进步和产业化发展，实现产、供、销、贸、工、农一体化，将现代工业、商业、金融等行业融入农业生产中，形成利益共同体，既能增加农业收益，增强抗风险能力，又能创造就业机会，保护农民利益。

以家庭联产承包责任制为核心的土地制度，虽然在一定程度上提高了农民的生产积极性，但在应对农业现代化生产时出现了不足之处。首先，农民使用土地存在随意性。农民根据习俗、市场情况自己判断农作物种类，作物种植被分为明显的"小块"，只能用微小机械耕种，而农业公共设施保护不力，容易受到破坏。农业收成与农民的勤劳与否、是否具备专业知识技能关系很大，个别家庭可能出现闲置、歉收现象。其次，农民承包的土地经常被调整、征用，可能导致农民短期行为严重，不注意土地养护，采用掠夺性方式开发土地。农民之间也因承包土地更改问题产生矛盾。再次，土地权属关系不清，农民缺乏对承包经营权的安全感。农地归集体所有，然而集体组织的范围难以明确，农民对土地的使用并无发言权，政策的变化可能导致农民土地使用权的丧失，传统的"土地意味着依赖和福利"观念被打破。最后，碎片化、零散化的种植模式导致生产的低效率，大规模生产和统一的管理无法实现，成为制约农业发展的瓶颈。

为了在一定程度上克服以家庭为单位生产的不足，承包经营权的流转成为有效的方式之一。从小范围而言，土地闲置、生产率低下的农户将经营权流转至种田能手，很大程度上提高了土地的使用效率；就大规模土地流转而言，集中的土地由专业的企业经营，采取大农场式种植方式，采用机械化作业，加上管理专业化的优势，以市场为导向的生产，保证了土地产出效率；农民可以通过工作、参股等方式获得转让权以外的收入，生活质量有所保障，获利空间增加。

城镇化进程加快

世界发展史表明，一个国家或地区的城镇化程度，总是与其工业化进程和农村劳动力的非农化程度密切相关。工业化的加快，也必然会加速农村劳动力的非农化。城镇化是指各种要素不断向城镇中聚集，城镇人口增多，城镇数量、规模不断增大，质量不断提高的过程，是未来的发展趋势，也是土地流转的重要推动力之一。

从农民角度来讲，随着农业生产率的普遍提高，同样的土地需要的劳动力减少，使得农村剩余劳动力增加，单纯的"一亩三分地"所获得的收入已经不能满足家庭的需求，迫使农民发挥自主意识，逐渐脱离土地。考虑到家庭种植规模有限、农业生产回报低、市场不稳定等因素，更多的农民希望通过务工等方式获得相对多的收入，于是他们纷纷涌入繁华的城市，开始努力向"市民"转身，"半工半耕"状态普遍（见图3—11）。此时，在土地中劳作的老人、妇女、儿童数量增加，甚至出现土地闲置情况，生产效率与机械化作业的差距更加明显，农民所获得的农业收入进一步下降。为了充分利用资源，部分农户有了流转土地的意愿，希望既能在外务工，又能充分利用土地获得收入。

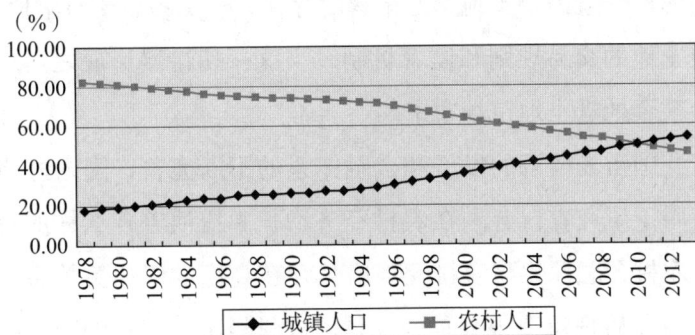

图3—11　1978—2013年我国城乡人口比例

资料来源：1978—2008年数据来自《新中国六十年统计资料汇编》、《城市统计年鉴》、《新中国城市50年》；2009—2013年数据来自中国经济统计数据库。两者统计口径一致，各年人口均不包括香港、澳门特别行政区和中国台湾的人口数据。

　　从政府的角度来讲，利用土地流转的方式集中优质土地进行规模经营，能够促进农业结构调整，带动农村加工业、服务业的发展，引导资金、技术、人才向农村流动，有助于打破城乡二元格局，实现城乡一体化，进一步促进城镇化进程。

　　总之，通过土地流转，可以优化农村资源，增加农民的财产性收入，改善农民的生活方式，提升农村劳动力整体素质，实现农业现代化。反过来，农民收入的增加、整体素质的提高也会促进劳动力从农业向非农产业转移以及农业的现代化发展，促进城镇化的稳步推进。土地流转是农村城镇化发展的前提条件和重要基础，而城镇化的产生又将对土地流转制度产生诉求，反过来促进土地流转的发展。

金融支持土地流转的基础

土地流转的实质是土地交易的开启，意味着土地交易市场化的开始，土地流转的过程就需要土地交易市场的存在，有交易就要有土地的定价，进而需要土地的交易规则和监管机制。当这一切慢慢形成之后，金融机构无疑会被牵扯进土地市场中来。

随着我国市场经济的发展和金融体系的不断完善，国内外诸多学者也开始着眼于研究农村金融在农村经济增长中扮演着什么样的角色。研究证明，农村金融深化与农村经济增长存在高度的正相关关系。我国农村经济发展滞后现象在很大程度上是由农村经济中存在的金融抑制造成的——农村政策性银行、商业性银行和合作性金融组织发展不协调，农村资金通过农村金融组织流向城市。国有商业银行、农村发展银行、农村信用社等农村金融组织职能的缺失带来的供给型金融抑制、农村金融产权制度不够完善等问题成为今天社会主义新农村发展路上的拦路虎。而引入与改良农作物新品种及完善水利、道路等基础设施建设都需要大量的资金，而我国农业资金主要依赖于政策性资金。要发展农村经济，扩大正规金融部门的资金供给，减少农村金融市场的进入壁垒，解除金融抑制迫在眉睫。

生产力发展要求生产关系与之相适应，中国的土地流转是生产关系适应生产力的自适应过程。这个过程意味着大量传统意义上的农民离开土地，历史的发展无疑表明了土地对政权稳定的意义。因此，我们所有人都应该认识到，中国的这次土地流转是多么伟大和有勇气的一个社会变革。想象一下吧，当把中国占大多数的农民从土地上释放出来的时候，会对这个国家产生什么样的影响，这恐怕已经不仅仅是中国自身的问题了。

中国的土地流转已经几乎成为不可逆转的趋势，但是这次的土地变革有太多的问题需要我们面对和解决。我们必须认识到，土地流转的核心问题是利益分配问题，历史上的每一次土地变革无不如此。历史也告诉我们只有共赢利益增长条件下的土地变革带来的社会成本最小。甚至可以说，只有各利益相关方的利益均有增长基础上的再分配，即帕累托改进的土地流转，才可能促使此次土地流转走向成功。我们必须要回答土地利益增长的方式是什么？利益增长条件下的利益相关方如何分配增量收益？什么是保证农民可持续的利益分配模式？金融机构又应该在这次土地变革的浪潮中扮演什么样的角色？

当然，所有人都知道，没有无风险和无成本的社会变革，所以才需要政府、社会都要有足够的勇气。而我们希望农民在这次土地变革中付出最小的代价，土地流转使农民离开土地，但是他们并不因此而失去土地流转所带来的收益，甚至能够获得更高一些的收益。

第二部分　收益增长方式决定土地流转的开始

创新是企业家的具体工具，也就是他们借以利用变化作为开创一种新的实业和一项新服务的手段。……企业家们需要有意识地去寻找创新的源泉，去寻找进行成功创新的机会以及情况变化的征兆。他们还需要懂得进行成功创新的原则并加以运用。

"天下熙熙，皆为利来；天下攘攘，皆为利往。"土地能够流转是因为参与土地流转各方都有利益的增长。只有土地流转的各利益相关方都能从土地流转过程中获得利益增长，才能够支持持续的土地流转，所以说土地流转是从流转能够带来收益的增长开始的。

　　土地流转的收益是有层次的。首先是土地的自然收益，趋于撂荒的土地重新利用起来自然带来收益，这对于流转各方而言都是可接受的；其次是土地的规模效益，由于土地集约化带来的成本下降，收益上升；再次是土地的产业化收益，产业资本参与土地流转集约，在取得规模效益的同时，也降低了自身核心产业的风险，在形成产业链的同时，提高了土地收益和价值创造水平；最后是土地的创新收益，产业资本与金融资本参与土地流转，对土地流转提出了更高的收益要求，而实现这种更高收益要求的唯一方式是创新，无论是生产组织方式的创新还是土地使用技术的创新，都将获得超额收益。

　　中国目前土地流转的复杂性极高，既包含了土地流转收益方式的复杂性，又包含了参与土地流转的各个利益相关方的利益诉求的复杂性，这些利益诉求都必然在土地流转收益增长方式中得到体现。虽然需要根据各地方的实践推进土地流转，但有一点似乎是明确的，即土地的创新收益无疑既是土地流转的终极目标，也是唯一没有增长极限的收益增长方式。

第4章
土地流转收益的增值方式

　　土地流转的动因是土地流转后能产生比流转前更多的利益，即产生增值。不同模式的土地流转所带来的收益增值程度是不同的，从投入产出效率来看，土地自然收益的水平是最低的。而单纯规模经济效益模式的增长能力也不高，即使是产业资本带动形成了产业的土地流转，其带来的效益增长也是有限的。从长远来看，只有通过科技创新所带来的收益增值才是可持续的，也是无增长极限的。

　　土地流转收益的增值方式，其他国家也尝试过各种实践，但是可借鉴性见仁见智，难以一概而论。毕竟有太多历史发展的路径和现实环境的差异。我们希望中国能够更好地理解这些土地流转收益的模式，有节奏地推动土地流转收益增长模式向高层次发展。但我们认为，无论具体的发展时间和阶段如何，未来中国的土地流转只能走向科技创新所带来的农业收益增长模式。

土地流转增值的模式

土地本身的自然增值

以如一亩水稻田（两季）为例，一年的水稻产量为 800 公斤×2＝1 600公斤，每公斤水稻约 1.4 元，收入为1 600公斤×1.4 元/公斤＝2 240元。在不改变土地用途的情况下，以更先进的工具以及更加科学的方法，或者增加产量，或者减少成本，或者两者兼而有之地调节土地收益。适度规模的生产经营一方面可以通过机械化的耕作、大规模的集中采购种子化肥等手段降低生产成本，另一方面又可以通过科学的管理方法提升产量，产生比原有土地更高的经济价值。

在土地规定的使用范围之内，按照市场的需求种植经济作物，也可以获得更高的收益。例如在城郊大面积种植蔬菜，或者在适合种植茶叶的地方开发茶园。显然，这种增值方法适用于一些特定位置或者特定土质的土地。

土地本身不增值，但其作为产业链中的一环，流转后可以减少交易成本。这样的例子发生在一些农业公司经常和当地的农民以略高于市场价格签订购买协议的情形。农业公司愿意以高于市场的价格签订购买协议的动因在于获得稳定可控的供给，减少自己的原材料采购交易成本。

实际过程中，进行土地流转可能同时获得以上一种或者几种收益。根据国家土地管理条例的有关规定，目前比较合适的模式是由当地的农业公司牵头，根据当地土地的特点，以适当规模种植在当地有比较优势的作物，然后将这些产品供给当地的农业企业，再由农业企业进行加工后流入消费市场。

不过，这些土地流转的收益增值方式依然是土地的自然收益。2014
年中央"一号文件"提出，"严禁农用地非农化"。这样的制度约束了土
地非农化流动，农业土地流转的利益增值变得相对困难。

规模效益

规模效益，即随着土地规模的扩大，土地的单位产出增加，此时，基
本上不改变土地的利用方式。如 A、B 两户农户，分别拥有 10 亩土地用于
种植玉米，每亩的年纯收益为 2 000 元人民币，每户农户的年纯收益是 2 万
元，而 20 亩土地产生的纯收益是 4 万元。其中的 B 农户进城打工，将 10
亩土地转包给 A 农户种植玉米，A 农户由于集约化种植，降低了每亩的成
本，纯收益有所提升，达到每亩年纯收益 3 000 元人民币，从而土地产生的
年纯收益是 6 万元。此时，土地的转包成本，即 B 农户的土地流转收益要
求，需要从土地的纯收益中扣除，假设是 2 万元。则 A 农户可以通过土地
流转规模化经营，获得 4 万元的年收益，总收益增加了。同时，B 农户进
城打工获得收入，同时出让土地也有 2 万元固定收益，其总收益也有所增
加。而土地整体的利用效率提高，总收益也增加了。如图 4—1 所示。

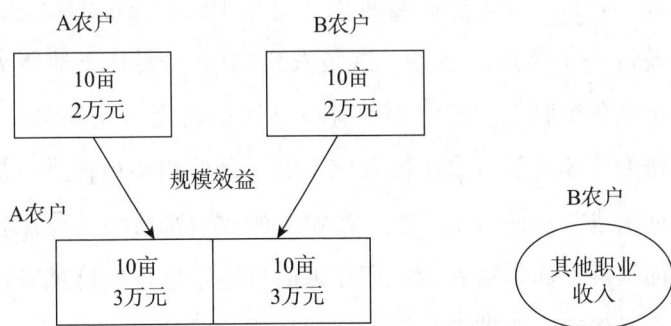

图 4—1 土地流转的规模效益模式

这是一种帕累托改进，也是目前土地流转收益增值的一般方式。在规模不断扩大的过程中，土地利用的手段会有所变化，农业机械化的程度会相应提高，科技利用程度会有提升，即使有所创新，也多是农户的个体创新行为，但是收益的产生方式没有根本地改变，即依托于土地的自然收益，通过成本的下降获得更高的收益水平。

产业升级收益

产业升级收益是指工商资本进入农村，开始发展适合企业化经营的现代种养业，带动农业发展，带动农民增收致富。此时土地流转的收益依然包括规模效益的部分，但是由于土地已经融入产业链当中，更多的收益是来自使用土地的产业资本和产业收益。仍以上述土地为例，此时某粮食加工企业 G 为了应对粮食波动带来的风险，开始向粮食种植领域和粮食深加工领域延伸，并租赁了 A、B 两户农户的土地，依然是每户 10 亩，合计 20 亩土地。由于粮食加工企业 G 直接面对市场需求的变化，根据市场预测，企业 G 认为明年的大豆价格更高，因此调整了种植品种，同时雇用农户 A 作为企业的工人，农户 B 依然在其他行业工作。在乐观的情况下，粮食加工企业 G 可以获得至少四个方面的收益：一是土地规模效益进一步增加的收益，这是农户 A 个体转移土地所无法做到的；二是市场预测收益，农户很难有粮食加工企业 G 的市场把握能力；三是产业链的整体收益，由于粮食成本低于其他购买粮食进行加工企业的成本，如果进一步深加工，整个产业链的收益都将因土地流转带来的成本下降而提升；四是随着企业产业链的打造，企业的抗风险能力也随之增强，也必然给企业带来收益。

假设此时每亩的年收益为 5 000 元人民币，从而土地产生的年纯收益是10万元。A、B农户每10亩土地的流转收益要求依然是2万元，共有4万元流转收益需要从土地的纯收益中扣除。企业获得的剩余土地流转收益是6万元，由于雇用了A农户作为工人从事农业工作需要支付薪酬3万元，粮食加工企业G依然可以从土地流转中获得3万元的纯收益。如图4—2所示。

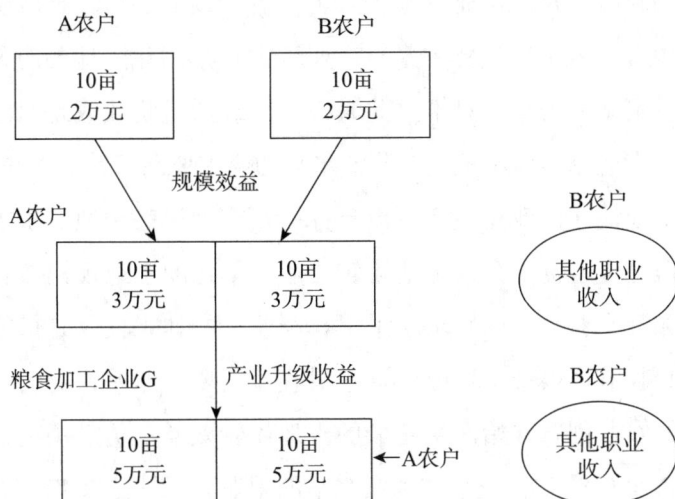

图4—2 土地流转的产业升级收益模式

在这种模式下，A农户获得5万元的年收益，B农户在获得土地流转收益2万元的基础上，还会获得从事其他行业的收益，粮食加工企业G获得了3万元的纯收益，其获得的无形收益也许会更高。无论如何，这依然是一种帕累托改进，所有参与土地流转的各方都获得了收益，而没有减少其他人的所得。这时候已经可以把公共管理部门的收益算进来了，粮食加工企业G的税收虽然作为企业成本考虑，但是从国家角度来看，是作为收益来计算的。更重要的是，此时土地流转收益的增值模式已经产生了变化，不再仅仅是土地产出本身，而是将土地资源融入了产业链中综合考虑了，它与单纯的土地流转规模效益有本质上的差异。这时候的创新行为要比农户的创新行为复杂程度更高，开始涉及农业产品创新和管理模式创新等方面。

农业创新收益

农业创新收益是当产业资本进入土地流转领域之后，金融资本自然而然就会跟着介入土地流转中来，产业资本在集约化土地的时候，通常要借助金融资本的力量，只不过此时披了一件项目贷款或是风险投资的外衣而已。产业资本对土地流转收益水平的要求要高于普通农户的要求，但依然是土地流转产业化生产可以支撑的，或者说是土地产出本身可以支撑的。但是金融资本介入土地流转之后，单纯的土地规模效益已经很难支撑金融资本对收益的要求水平了，产业资本如果仅仅是依靠产业链的打造，其收益也很难支撑金融资本对收益的要求水平。此时，土地流转过程中的农业创新开始产生超额的土地流转效益。仍沿用前例。此时粮食加工企业 G 受到行业平均利润水平的限制，无法进一步扩大土地流转的规模。而某香水制造企业 H 由于香料来源不稳定，为了扩大市场份额，稳定生产，准备向上游花卉种植产业延伸，通过金融市场融资获得资金后，开始租用 A、B 两位农户的土地，种植的产品已经不再是粮食，而是香水制造企业 H 采用高科技培育的新型花卉。由于拥有该产品的专利或非专利技术，香水制造企业 H 可以获得超额收益。此时每亩产生年收益15 000元人民币，从而土地产生的年纯收益是 30 万元。A、B 农户每 10 亩土地的流转收益要求依然是 2 万元，共有 4 万元流转收益需要从土地的纯收益中扣除。企业获得的剩余土地流转收益是 26 万元。由于花卉培养的需要，企业 H 雇用了 A、B 两位农户作为工人从事农业工作，需要支付每人 5 万元薪酬，共计支出薪酬 10 万元。香水制造企业 H 依然可以从土地流转中获得 16 万元的纯收益。如图 4—3 所示。

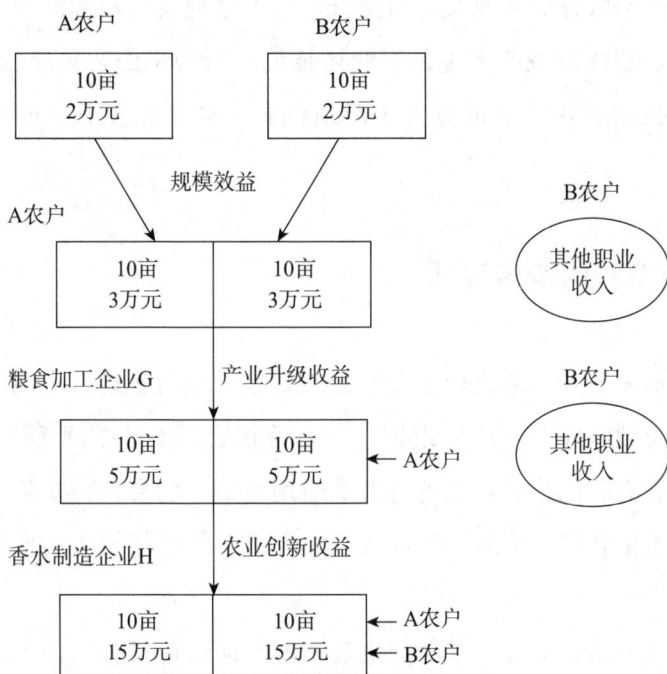

图 4—3 土地流转的农业创新收益模式

在这种模式下，A、B 农户每人获得 7 万元的年收益，香水制造企业 H 获得 16 万元的纯收益，其获得的无形收益也许会更高。无论如何，这依然是一种帕累托改进，参与土地流转的各方都获得了收益，而没有减少其他人的所得。农户 B 的回归减轻了大城市的压力，原有的农户 A、B 为了达到香水制造企业的要求，接受了企业的技能培训，从而成为拥有一技之长的工人，为"人的城镇化"做好了准备，他们收入水平的提高也为其"生活方式的城镇化"打下了基础。同时，公共管理部门获得更多的税收收入，而金融资本也能够获得满足其收益水平的超额收益。随着金融资本的进一步介入，土地流转的规模会随之扩大，而且整个社会的发展也步入一个良性的循环。在土地流转农业创新收益的模式下，价值的创造与收益的来源又有所提升，与土地规模效益和产业升级收益迥然不同，超额收益的产生是农业科技创新所带来的，只要创新不断，就意味着我们利用土地的方式不断地创新，也自然会不断地产生超额收益。

土地流转的诸多尝试

就目前来看，土地流转主要有土地转包、土地转让、土地出租、土地互换、土地入股、土地反租倒包、土地托管、土地拍卖等多种形式。这些形式各有各的特点，也各有各的适用范围，也会有一些各自的局限性。例如土地转包、土地转让形式非常灵活，但是却无法实现土地的集约使用。

然而诸多土地流转的成功案例表明，土地流转只有结合土地的集约使用，才能更好地提升土地的利用价值，也只有这样才能给农民带来长期的价值增值。在土地的集约使用过程中，不能仅仅依靠农民的自发行为，各级政府也不能仅仅提供土地流转的场所，而应该出台相应的政策，采用相应的措施推进土地的集约使用。这就要求必须发挥当地企业和金融机构的作用。这些企业应该是当地的实力雄厚的龙头企业，从农民那里获得更多的土地，扩大生产规模，提升产品质量。而农民可以采用土地入股的形式分享企业经营成果。

在这一企业主导土地流转的模式中，金融机构可以协助企业完成农民土地的确权行为，帮助企业对入股的土地进行股份确认。全程跟踪企业后续的扩大再生产活动，在充分了解企业产品质量、市场份额的基础上为企业提供贷款、发债等多项金融支持，而农民入股的土地将是企业获得金融机构贷款的优质抵押品。

土地流转四种典型模式的比较

在实际操作中，各地根据情况不同采取了不同的土地流转模式，较为典型的模式及其利益分配情况包括如下几类。[1][2]

1. 转包

转包指原承包方将自己承包期内的部分或全部承包土地，转交给本集体经济组织内部的其他农户从事农业生产经营。原承包方保留土地承包权，转出土地使用权（经营权）。转包后原土地承包关系不变，原土地承包合同规定的权利和义务仍然由原承包方履行，而新承包方则按转包时约定的条件对原承包方负责。一般该模式是农户间私下约定，参与方有限，利益流动简单，土地流入方向流出方支付租金，甚至是一定农产品等实物。如图4—4所示。

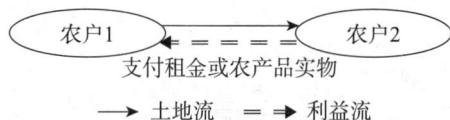

图4—4 转包模式的土地流与利益流

2. 互换

互换指经发包方同意，同一集体组织内部的承包方之间为方便耕种或各种需要，对各自的土地承包经营权的交换。互换的双方在取得对方

---

[1] 参见刘守英：《土地流转的四种形式》，载《时事报告》，2009 (1)。
[2] 参见梅琳：《我国农村土地流转模式研究》，福建师范大学博士学位论文，2011。

的土地承包经营权的同时丧失自己的原土地承包经营权。双方农户达成
互换合同后，应与发包人变更原土地承包合同。这种流转形式简单易行，
私下互换土地的情况多有发生。如图4—5所示。

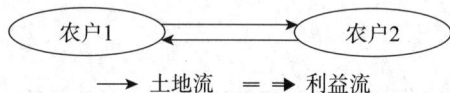

图4—5 互换模式的土地流与利益流

3. 出租

出租指承包方将自己承包期内的部分或全部承包土地，租赁给本集
体经济组织以外的其他个人或单位从事农业生产经营。土地出租后，原
土地承包关系不变，原土地承包合同规定的权利和义务仍然由承包方履
行，而承租方则按出租时约定的条件对承包方负责。出租与转包都无须
经发包方许可，签订的转包合同或出租合同向发包方备案即可。出租模
式下通常以签订合同为准，土地租入方支付租金，通常以双方意愿为主、
不涉及第三方参与，同转包、互换一样是土地流转中最为简单的形式，
利益流向也十分清晰。如图4—6所示。

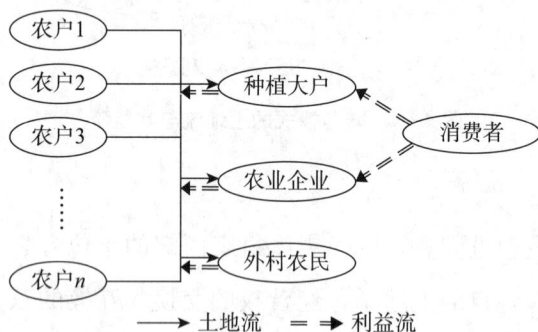

图4—6 出租模式的土地流与利益流

4. 反租倒包

反租倒包是在明确土地所有权、稳定承包权的前提下，由村集体经济组织将农民手中的责任田以一定的租金反租过来，再倒包给农业大户或农业企业从事规模经营的土地流转和农业经营行为。反租倒包的土地使用权由农户向村集体集中，再向种粮大户或农业企业流动，农户的收益来自村集体，村集体的收益来自土地最终使用方。村集体将土地集中的过程节约了企业的时间和成本，降低了整体交易费用，同时提高了农地使用效率。如图 4—7 所示。

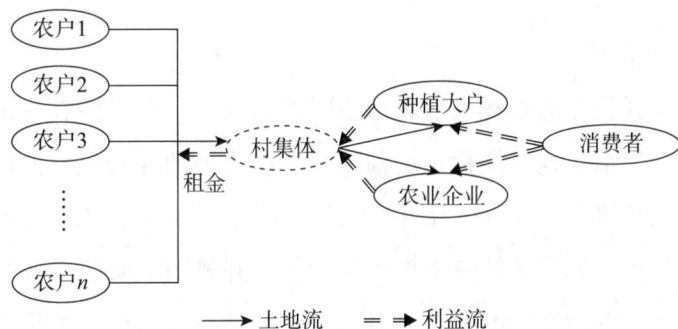

图 4—7　反租倒包模式的土地流与利益流

5. 土地股份制

土地股份制是指在承包期内，承包方将土地承包经营权量化为股权，农民凭股权组成合作社或股份有限公司，合作社或股份有限公司对土地实行招标承包，或对外租赁，或者直接开发，农民按股分红。这种模式按股份合作形式管理，经营利润按股分配，股权可以继承、转让或抵押。该模式下存在多个利益参与方，各方风险共担、利益共享，共同分享由股份有限公司或合作社利用土地进行现代化生产而带来的收益，收益包括对农民支付的股利、对实际管理方（村集体或农业企业）的回报、对金融服务的回报。如图 4—8 所示。

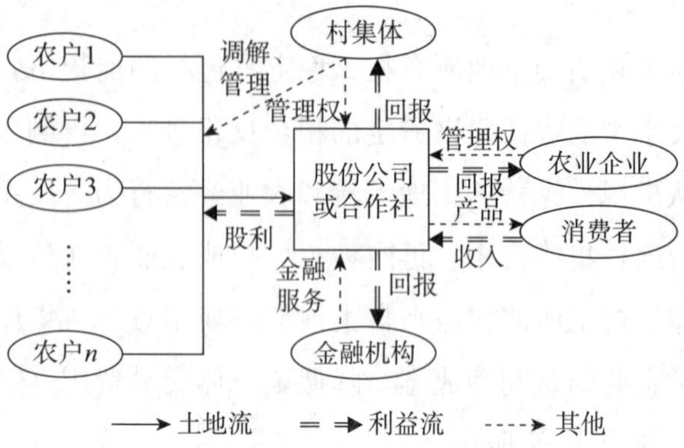

图4—8　土地股份制模式的土地流与利益流

6. 土地信托

土地信托指作为委托人的农地承包经营权人，在坚持农村土地集体所有权不变、承包权长期稳定的前提下，将土地的经营权（使用权）委托给土地信托服务组织（受托人），在一定期限内由受托人以自己的名义管理、使用该土地或者处分土地的使用权，并将因此而获得的收益归属于土地信托契约所指定的收益人（通常就是委托人）或者用于特定目的的一种土地流转行为。如图4—9所示。运用这种土地流转形式需要满足

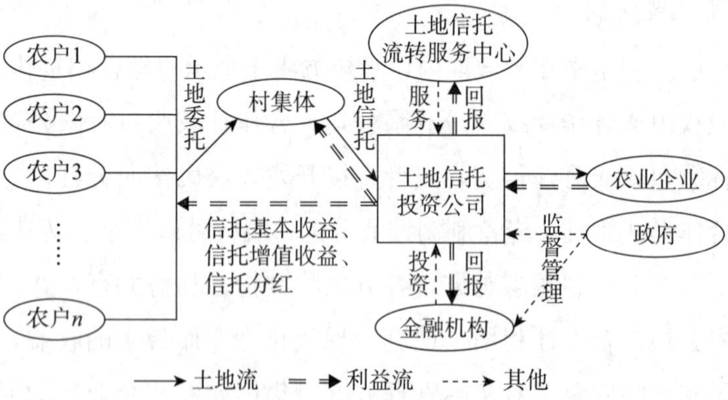

图4—9　土地信托模式的土地流与利益流

一定的条件，即当地的社会经济发展水平应该较高，故此形式较适用于经济比较发达的地区。土地信托有利于引导社会资本的进入，并发挥了第三方服务机构的作用，提高了流转效率，且多方受益。其主要利益流由企业流向信托公司，信托公司依据合同规定为服务中心、金融机构、村集体、农户支付回报。

其他国家或地区土地流转模式的实践

美国：自由交易或租佃制度下的家庭农场模式

19 世纪，在土地抵押和租佃市场发展期间，美国出现了大农场与租佃农场混合经营的模式。在 19 世纪 60—70 年代，旧地产集团的分支机构或者代理人将几万英亩的大地产分割成若干农场，进行农牧业混合经营。80 年代开始，大农场的规模继续扩大，从几千英亩到几万英亩；农场的管理方式和组织结构发生了变化，从地产投机转变为企业式的雇佣制机械化生产，以配套的机械化集群作业取得较高利润，实现了土地资源的高效充分利用。

如前所述，经过土地投机和农业萧条的洗礼，美国的农地所有权大部分属于抵押债权人，租佃农场制得以继续发展。这使相当一部分农场主在失去土地所有权后仍选择留在土地上经营家庭农场。租佃农场一方面可以通过外部资本以扩大生产，另一方面又受到地租和利息的剥削而无法积累足够的资金，因此尽可能地使用家庭内部劳动力成为其显著特征。同时，较高的劳动力价格和农业机械化普及率亦阻碍租佃农场大量雇用工人。租佃制农场的存在吸引一部分农业工人向租佃农场主转变，他们被称为"正在寻找农场的农场主"①。

进入 20 世纪后期，美国土地经营基本单位是家庭农场。目前美国农地所有权的状况，按农场所有关系可分为四类：一是土地全归农场主所有的业主农场，这类农场数目较多，但规模普遍较小；二是部分土地为农场主所有，部分土地为农场主租用，这类农场无论面积，还是规模都占主导地位；三是土地全部为租用的农场，这类农场的数量、面积和规模大小都不占主导地位；四是雇用经理人经营的农场，经理人经营的农场是指土地所有者委托经理人雇用劳动力代为经营的农场，这类农场也占有一定比例。

美国的农地买卖和出租很自由，土地转让的方式主要是租赁制，拥有土地而不自己经营的人寻找使用者或通过中介出租。出租的形式主要有固定地租和分成地租两种。分成地租是指农场主从土地所有者那里租得土地及其他生产资料，作物收获后按很高的比例同地主分成，买卖或出租的价格由交易双方协商采取某种方式确定。②

英国：租佃到自营的转变

早在 12、13 世纪，在英格兰圈地运动过程中，租地农场就开始出现，地主开始减少他们持有的自营地，把一部分自营地出租，通过取得佃户缴纳的地租来抵付应纳义务或完全为自己所用。领主把出租地产作为增加其收入的一种手段。在 13、14 世纪，大型的土地所有者，特别是教会大地主，常常把他们的庄园自营地作为大规模商业农场来经营。但

---

① 黄仁伟：《美国西部土地关系的演进——兼论"美国式道路"的意义》，上海，上海社会科学院出版社，1993。

② 参见陈利冬：《发达国家或地区的农地流转制度及其启示与借鉴》，载《南方农村》，2009（2）。

到 14 世纪，英格兰绝大多数大地产已无法从农耕中获利。尤其到了
1370 年左右，随着农业工人工资的上升，大地主从土地获取的利润不断
下降。在某些地区，直接通过经营可耕地来维持一个家庭或一个社区团
体的生活和开支都显得困难。因此，很多自营地被出租，土地发生转手
现象。到 16 世纪初期，在许多庄园中，小的自营地佃户开始消失。当时
较流行的做法是把自营地租给大农场主，或者租给最多 3 个到 4 个农场
主。到 16 世纪中叶，土地制度变化更为明显。随着圈地运动的开始，许
多领主买下自由持有农的土地，同时驱逐老的佃户，推倒其房屋，扩大
领主的自营地。领主遂将自营地作为租地农场加以出租。在租地经营中
也有不同的经营方式。其中有租地农的个体家庭经营，也有使用雇佣劳
动力的大农场经营。中世纪后期和近代初期英国新型的近代农业有两种
突出的结构成分，即租地农场和新型的商业化的大地主经营。

　　经过复杂变迁，近代英国的大地产形成了所有者经营和租地农场经
营的二元结构。在英格兰和威尔士，17 世纪后期，所有者占有地占可耕
地的 33%。而到 1870 年，所有者占有的土地占可耕地的 10% 到 12%。
到了 19 世纪后期，英国农业经济组织仍表现为二元结构，即所有者持有
的地产和租地农场。到了 19 世纪末和 20 世纪初，不仅在英格兰，而且
在苏格兰和威尔士，实行农业土地租佃制，大部分农场都是租佃农场。
纯粹家庭农场和把雇佣劳动力作为辅助劳动力的农场占农场的较大比例，
而真正的资本主义农场只占农场的少数比例。[①]

　　进入 20 世纪，英国的土地关系发生了巨大变化，传统的租佃式土地
经营模式日渐萎缩，而自营农场发展迅速，土地集中化趋势也日益增强，
成为英国农场经营的主流方式。第二次世界大战之后，英国政府鼓励和

---

① 参见沈汉：《英国土地制度史》，上海，学林出版社，2005。

支持农地经营者购买土地。1960 年，英国租佃农场占农场总数的 46%，自营农场占 54%。到 1977 年，租佃农场的比例下降为 38%，自营农场的比例上升到 62%。如图 4—10 所示。

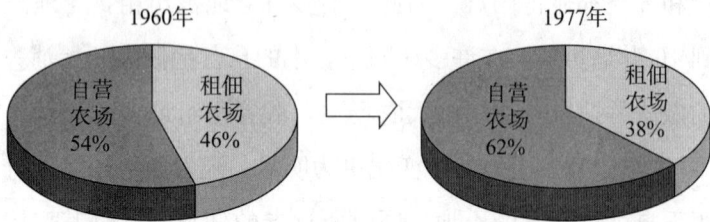

图 4—10　1966 年、1977 年英国租佃农场和自营农场的比例

法国：中型农场主导的租赁经营模式

为了促进土地集中化和农场经营规模化，加速土地流转，法国政府在 20 世纪 20 年代制定了促进土地流转的土地改组政策。首先，法国将小农场合并的同时，限制土地规模的面积；其次，建立"土地整治与农村安置公司"，用于购买土地，经过整治后转让给需要土地的农民，便于发展中等类型的家庭农场；再次，政府给予中等农场对土地的优先购买权，并对中等规模的农场在土地购买、贷款和税收上给予优惠。

上述种种措施极大地促进了法国中型农场的发展。法国现有农场101.7 万个，其中大于 50 公顷的农场数量为 17.2 万个，占农场总量的17%；50 公顷以下的中小型农场有 84.5 万个，占农场总量的 83%。由此可见，中小农场占很大比重。如图 4—11 所示。

法国农业以家庭劳动力为主，农场主及其家属占农业劳动力总数的92% 左右。法国的土地经营方式主要有三种：租赁经营、土地所有者直接经营和分成制经营。近 10 多年来，前一种经营方式逐渐增多而后两种经营方式呈现下降趋势。

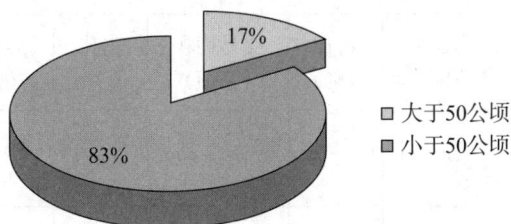

图 4—11　法国农场面积分布

俄罗斯：多样化交易

20 世纪 90 年代开始的土地改革形成了俄罗斯的土地市场。俄罗斯联邦的民法、土地法及其他一系列联邦标准法律法规、联邦主体的类似法律法规都规定了法人和自然人可以买卖土地地段、出租、赠予、抵押等。表 4—1 给出了 1991—2001 年俄罗斯土地市场上的交易类型以及各种交易类型所占比重。从表 4—1 中可以看出，俄罗斯土地市场上已经形成多元的交易主体格局，包括各级政府、法人和公民。交易类型包括土地使用权的交易、土地所有权的交易以及土地的赠予、继承和抵押，已呈多样化趋势。

表 4—1　　　1991—2001 年俄罗斯土地市场上的交易类型及其比重

	1999 年		2000 年		2001 年	
	交易面积 （公顷）	占比 （％）	交易面积 （公顷）	占比 （％）	交易面积 （公顷）	占比 （％）
总量	72 150 706	100	60 347 313	100	69 955 514	100
国有和市属土地的租赁	72 028 548	99.83	60 213 760	99.78	69 791 128	99.77

续前表

	1999 年		2000 年		2001 年	
	交易面积（公顷）	占比（%）	交易面积（公顷）	占比（%）	交易面积（公顷）	占比（%）
国有和市属土地的租赁权的出售	6 844	0.01	4 999	0.01	24 553	0.04
国有和市属土地出售	15 821	0.02	4 375	0.01	16 257	0.02
由公民和法人进行的土地买卖	45 361	0.06	55 618	0.09	48 381	0.07
赠予	5 832	0.01	6 027	0.01	6 948	0.01
继承	17 606	0.02	61 668	0.10	6 948	0.01
抵押	694	0.00	866	0.00	837	0.00

注：根据《世界经济年鉴》、《中亚信息》等相关文献的数据整理而成。

2002 年，俄罗斯《农用土地流转法》生效。与以往有关土地自由买卖、自由流通的法规相比，农地流转法有很大突破，主要表现在：第一，流通中的土地规模没有限制。第二，并未规定流通中的农业土地必须用作农业用地，为农用土地转变为城市用地和工业用地提供了法律支撑，大大刺激了对农用土地的市场需求。第三，十分详细和明确地规定了如何从共有产权中划分出土地份额。①

印度："绿色革命"引导资本主义农场发展

印度从 20 世纪 60 年代开始实行号称"绿色革命"的农业发展新战

---

① 参见贾雪池：《转轨时期中俄农地产权制度比较研究》，东北林业大学博士学位论文，2006。

略。大约在 60 年代后期,印度农村已经出现了一个资本主义农场主阶级。这个阶级主要是由前中间人、收租地主(包括在土改中获得地权的中小地主和永佃户)转化而来的。他们掌握的土地是发展农业资本主义的前提条件。前中间人在获得大量补偿金的条件下保持了大量好地。农业发展新战略的实施为他们投资农业创造了更好条件,原因在于政府对农业生产实行财政支持的政策使他们投资农业更有利可图。他们对于农业现代技术的投入可以获得政府补贴;他们可以用土地作抵押得到贷款,且利率低于小农。随着"绿色革命"的发展,资本主义农场和资本主义农场主的数目正在增加。1982 年印度全国第 37 次所有权持有地和经营持有地的抽样调查显示,拥有中等持有地的农户为 605.1 万户,占全国总农户的 7.27%,拥有土地3 573.5万公顷,占全国所有权持有地的29.83%;拥有大持有地的农户133.8 万户,占全国总农户的1.61%,拥有土地2 164万公顷,占全国所有权持有地的 18.08%。这两种农户占全国总农户的 8.88%,拥有的土地占全国总农户所有权持有地的 47.91%。如图 4—12 所示。

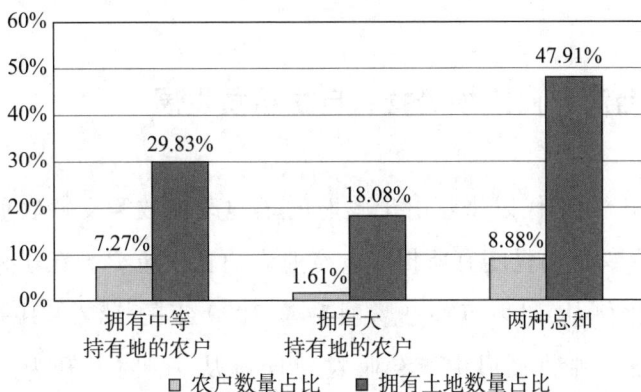

图4—12 1982 年印度农户拥有土地占比

1982 年的抽样调查还显示,租进土地的主要是下层农户,占总租进土地面积的 84.79％，出租土地的主要也是下层农户，约占总出租土地面积的 57.45％；中层农户比上层农户更积极地租进土地，分别占总租进面积的 12.17％和 3.04％，这是因为部分富裕农民通过"绿色革命"从事资本主义农业经营。伴随"绿色革命"发展的还有劳动力雇佣关系。到 20 世纪 70 年代中后期，印度农村的雇佣关系以自由雇佣关系为主，其发展程度与印度各地的农业资本主义的发展程度成正比。如图 4—13 所示。

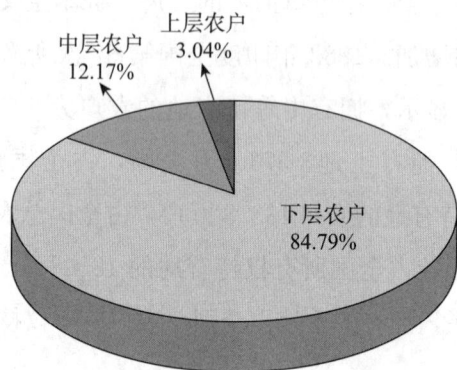

图 4—13 　1982 年印度各阶层农户租进土地占比

中国台湾：向规模经营、自由租赁发展

20 世纪 80 年代以来，由于政府的土地改革政策支持农业规模化，台湾的农业专业化程度有所提高，专业农户比例上升。在耕种农户中，专业农户比例从 1980 年的 9％回升至 1990 年的 12％，1999 年达到 15.6％；在非耕种农户中，专业农户比例从 7.4％上升为 1990 年的 27.5％。如图 4—14 所示。

耕种农户中专业农户比例　　　　非耕种农户中专业农户比例

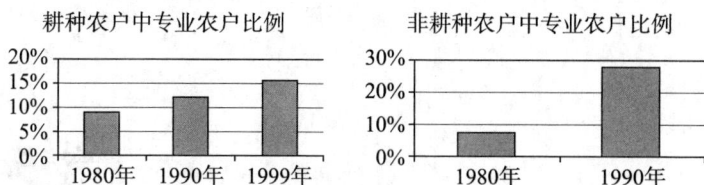

图 4—14　20 世纪末中国台湾专业农户比例

　　1997 年出台的"跨世纪农业建设方案"（1997—2000 年）致力于提高中国台湾农业科技的现代化，农村发展精致农业，加速农业科技的发展等。在"跨世纪农业建设方案"中提到："建立农地合理租赁制度，鼓励订立长期农地租赁契约"，有利于土地整合，规模化经营。2000 年 1 月正式公布实施"农业发展条例"修正草案，修改后的《农业发展条例》规定，出租人和承租人可以自由订立租赁契约，双方还可以自由订立租金、租期、支付方式。

第 *5* 章
内蒙古自治区土地流转增值的实践

　　土地流转的增值方式决定了土地创造价值的多少，规模效益型的土地流转，其收益增值的潜力是有限的，目前中国土地流转的较大部分还停留在这个层级上，内蒙古自治区现有土地流转的70%以上都是规模效益类的土地流转。所谓家庭农场也基本上以获取规模效益为主，属于初级的土地流转方式。

　　目前产业资本逐渐增加进入土地流转的领域，生产加工企业逐渐延伸其产业链，尝试通过控制上游的产业增加企业抗风险能力与盈利能力。但是由于诸多方面的限制，目前产业资本进入土地流转的规模还是远远不足的。在产业资本进入土地流转的过程中，金融资本也开始逐渐渗透，开始为土地流转的进一步深化构筑金融基础。

　　但需要明确的是，金融资本对收益水平的要求，是土地流转规模效益和产业化带来的效益所无法完全满足的，只有创造出更多的超额收益，才能更好地使用金融资本，推动土地流转以及提高土地集约化使用的效率。因此农业产业相关领域的创新成为了一种必然。只有通过技术与模式的创新所带来的土地流转收益，才能够满足金融资本的要求。换一个角度来讲，金融资本关注土地流转，关注的应该是土地流转过程中由于创新所带来的超额收益。

内蒙古自治区农牧区土地流转的基本状况

内蒙古自治区支持农牧区土地流转的政策

为贯彻落实国家农地流转的相关法律法规，结合内蒙古自治区实际情况，自治区制定了符合自身发展的土地承包经营权流转政策。2004年，内蒙古自治区农牧业厅制定了《内蒙古自治区农村土地承包经营权流转合同》（样本）。2006年，包头市为鼓励和推动农村土地承包经营权"依法、自愿、有偿"流转，出台了《包头市农村土地承包经营权流转管理暂行办法》，突出了对农民权益的保护。2009年7月，鄂尔多斯市人民政府颁布《鄂尔多斯市农村农牧区土地承包经营权流转暂行办法》，规范了鄂尔多斯农地流转程序。2009年10月1日起施行的《内蒙古自治区实施〈中华人民共和国农村土地承包法〉办法》对内蒙古农牧区土地流转的方式、登记备案、纠纷调处和用途管制做出了相关的规定。这些土地流转政策的出台为规范内蒙古自治区土地流转奠定了基础。

土地、草场流转规模

截至 2012 年底，内蒙古土地和草场流转面积分别为 111.6 万公顷和 492.8 万公顷，分别占土地和草场总面积的 15.6% 和 7.1%。自治区主要农地流转区域的流转情况如表 5—1 所示。

表 5—1 　　　　　　内蒙古自治区主要地区农地流转累计面积

截止时间	地区	农地流转面积（万亩）	占耕地面积百分比（%）
2013 年 6 月	巴彦淖尔市	254.4	24.1
2013 年 7 月	乌兰察布市	223	16.2
2013 年 6 月	兴安盟	212.64	22.4
2013 年 6 月	呼和浩特市	122.8	16.6
2012 年 12 月	包头市	174.38	46.2

资料来源：内蒙古农牧业信息网。

至 2013 年 6 月底，巴彦淖尔市农村土地流转累计达到 254.4 万亩。其中，流转入农户 201 万亩，占流转总面积的 79%；流转入企业 17.2 万亩，占流转总面积的 6.8%；流转入合作社 19 万亩，占流转总面积的 7.5%；流转入其他主体 17.2 万亩，占流转总面积的 6.8%（见图 5—1）。从各个旗县区的流转情况来看，累计流转面积比较大、新增面积较大的旗县区有前旗、临河、五原、中旗，分别为 58 万亩、52.7 万亩、50.6 万亩、33.2 万亩，分别比上年增加 10.2 万亩、9.5 万亩、9.5 万亩、8.5 万亩。[①]

---

① 参见贾雪池：《转轨时期中俄农地产权制度比较研究》，东北林业大学博士学位论文，2006。

（万亩）

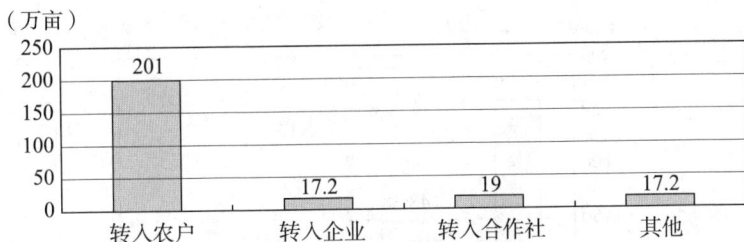

图 5—1　巴彦淖尔市土地流转去向

至 2013 年 6 月底，兴安盟土地流转面积 212.64 万亩[①]，占家庭承包经营耕地面积的 22.4%，流转出承包耕地的农户有 44 616 户，占土地承包农户数的 16.5%。以转包形式进行土地流转 159.8 万亩，占流转总面积的 75.2%；以租赁的方式流转土地 48.38 万亩，占流转总面积的 22.8%；以转让的方式流转土地 2.68 万亩，占流转总面积的 1.3%；以股份合作的方式流转土地 1.56 万亩，占流转总面积的 0.7%（见图 5—2）。受让方仍然以农牧户为主，一是农户之间进行土地流转，由于外出务工等原因将土地流转给亲朋好友，该形式占流转总面积的 70% 左右；二是流向种田能手，面积占 12.3%，仅扎赉特旗好力保乡的好力保嘎查种植粮食作物面积在 100 亩以上的农户就有 20 户，在很大程度上提高了土地的生产率；三是流向企业、农民专业合作社的面积 23.83 万亩，占 17.7%，例如科右中旗额木庭高勒苏木巴彦敖包嘎查敖包屯种养合作社流转土地面积 4 000 亩，占全嘎查耕地面积的 33%，主要搞粮食作物规模经营（见图 5—3）。

截止到 2013 年 6 月底，呼和浩特市农村土地流转总面积为 122.8 万亩，流转面积比上年增长了 15.6%，2013 年新增土地流转面积 22.19 万

---

① 由于统计误差及存在其他流转形式，兴安盟土地流转面积略大于图 5—2 中的数字加总。

（万亩）

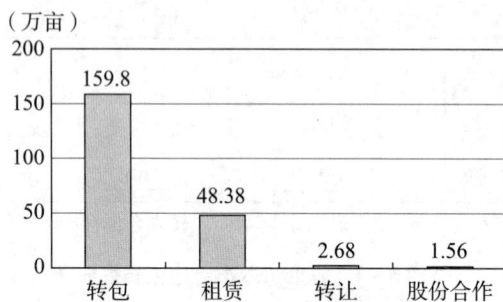

图 5—2　兴安盟土地流转形式

（%）

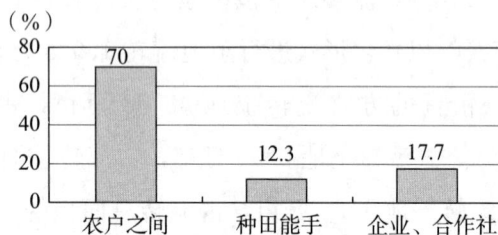

图 5—3　兴安盟土地流转去向

亩。土地流转涉及全市 46 个乡镇和 656 个行政村，农户 7.34 万户，占全市二轮土地承包农户数的 27.2%。流转总面积占家庭承包总耕地面积的 16.6%，签订土地流转合同 3.12 万份，涉及流转面积 45.48 万亩，合同流转面积占流转总面积的 37.04%。从农村土地流转形式看，转包、出租、互换、转让、入股和其他形式流转土地面积分别占流转总面积的 62.2%、32.5%、1.7%、1.8%、1.1% 和 0.7%（见图 5—4）。从合同流转期限看，流转期限在 1 年以上 10 年以下和流转期限在 10 年以上的分别占流转总面积的 58.4% 和 41.6%（见图 5—5）。从流转去向看，主要是农户间流转土地发展规模化种植，流入农户、企业、农民专业合作社和其他主体的土地面积分别占流转总面积的 69.6%、21.1%、5.3% 和 4%（见图 5—6）。从土地流转用途看，土地流转用于种植粮食作物、养殖奶牛、种植蔬菜、种植牧草和其他用途的流转面积分别占流转总面积的 76.8％、0.3％、4.2％、16.3％和 2.4％（见图5—7）。从流转的组织方式看，主要是农户间自发流转为主，委托乡村组织流转面积有所增加，农户间自发流转面积、乡村组织流转面积和委托乡村组织流转面积分别占流转总面积的 73.2％、4.1％和 22.7％。

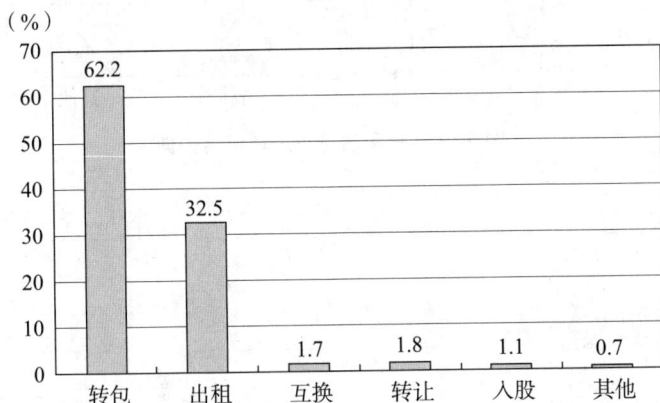

（%）

图 5—4　呼和浩特市土地流转形式

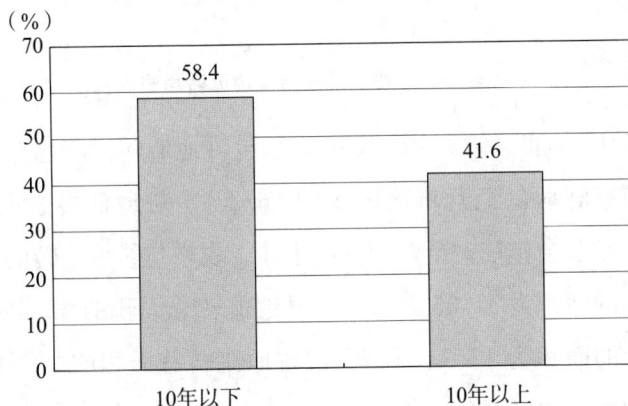

（%）

图 5—5　呼和浩特市土地流转合同期限

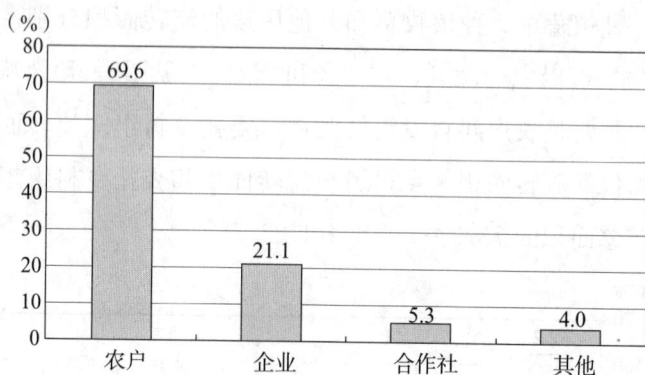

图 5—6 呼和浩特市土地流转去向

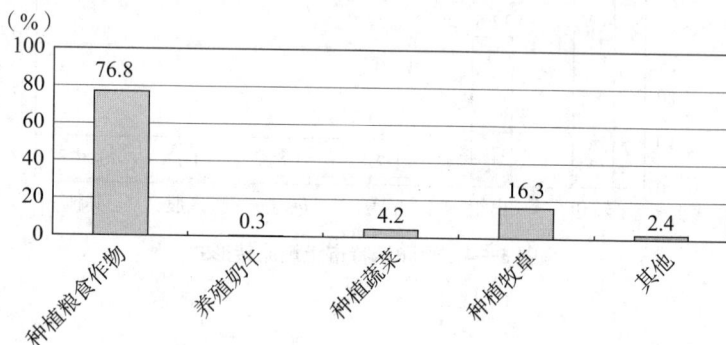

图 5—7 呼和浩特市土地流转用途

截至 2012 年底,包头市农民家庭承包耕地流转面积已达 174.38 万亩,占全市家庭承包经营耕地面积的 46.2%。耕地流转去向有四个方面:农户、专业合作社、企业和其他主体。农户是耕地流转的主要去向,流转入农户的面积为 91.35 万亩,占耕地流转总面积的 52.4%;流转入专业合作社的面积为 17.31 万亩,占耕地流转总面积的 9.9%;流转入企业和其他主体的面积分别是 59.97 万亩和 5.75 万亩,占耕地流转总面积的比重分别为 34.4% 和 3.3%(见图 5—8)。农民家庭承包经营耕地的流转形式主要是转包,面积为 135.72 万亩,占流转总面积的 77.8%;

其次为出租形式，面积为 25.35 万亩，占流转总面积的 14.5%；转让、互换、股份合作及其他形式的流转面积分别为 1.14 万亩、0.61 万亩、0.65 万亩和 10.91 万亩（见图 5—9）。[①]

（万亩）

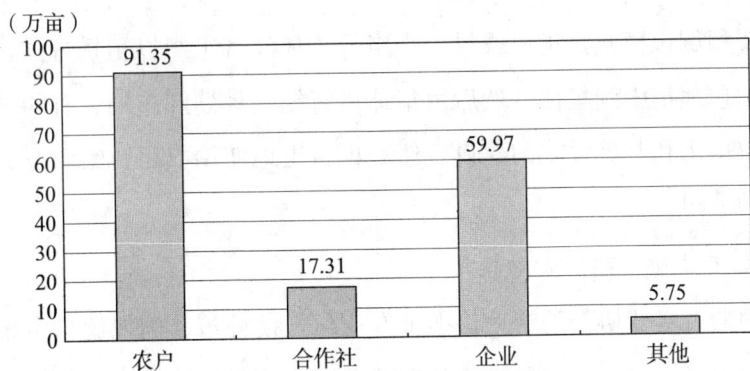

图 5—8　包头市土地流转去向

（万亩）

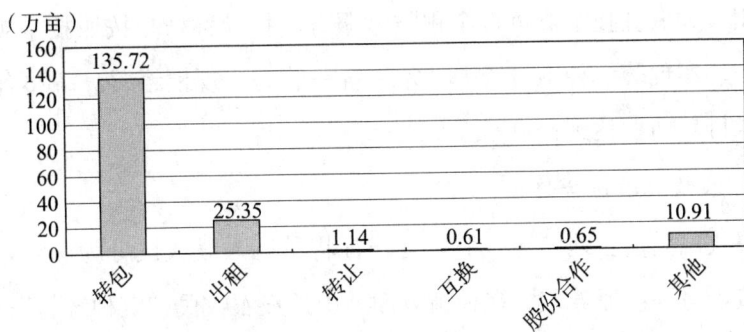

图 5—9　包头市土地流转形式

[①]　参见沙咏梅：《内蒙古发展现代农业中的土地流转问题研究》，载《中国农业信息》，2013(11)。

内蒙古土地流转主要模式

1. 反租倒包模式

反租倒包模式是指村或村民小组等集体经济组织以租赁方式，将农户的承包地集中到集体，然后由集体进行统一规划和布局，有的还进行一些农田水利基础设施的建设，然后再将土地使用权租赁给农业大户或外来的公司。

2. 专业协会组织带动模式

即通过专业协会的带动，推进专业化规模种植。例如德岭山镇大圣村制种玉米协会，以内蒙古种星种业公司为依托，以"支部加协会"为主要发展模式，由内蒙古种星种业有限公司提前垫付籽种、化肥、浇灌等费用，并派驻技术员负责全程技术服务，指导种植户按照技术规程进行操作，实现统一种植、统一技术、统一管理、规模经营。2008年，制种玉米订单面积达到9 000亩。

3. 农牧民股份合作模式

农牧民凭借土地自愿入股，合作社将所有入股牧民分为两组，一组抓种植，另一组抓养殖。在种植方面，由几户农牧民"统种统管"；在养殖方面，合作社统一购入牛羊源，统一进行科学育肥，逐步实现规模化经营。①

4. 公司化运营带动模式

即农民以耕地入股，与农牧业企业合作进行生产，入股农民按股份享受分红待遇，甚至可以到企业工作。该模式由松散型经营向集约型经

---

① 参见赵国玲：《内蒙古农地流转现状及存在的问题》，载《经济论坛》，2012 (3)。

营迈进，增加农民收入和就业机会。根据企业规模不同可分为村民土地
入股、企业投资的股份合作制经营的模式和土地规模化、集约化经营和
村企合一的新农村建设模式。

农牧区土地流转存在的主要问题

1. 流转规模偏小，流转潜力大

我国发达省区土地流转水平在 35%～55% 之间，与之相比，内蒙古
土地流转水平还有待进一步提高，现有耕作方式以小规模经营为主。多
数农地流转期限为 10 年以下，流转期限短，流转的土地零散，不利于农
业现代化发展。但随着外出务工等情况的增加，农民流转土地的需求逐
渐增加，流转规模呈增长趋势。

2. 流转形式受限，以转包、出租为主

农地流转形式单一，以转包、出租为主，主要是农户间的自发流转，
流转内容简单，合同化程度不高，容易引起纠纷，且土地等级制度、合
同制度的不完善不利于解决纠纷；流转效益低，流转前后生产力差别不
大，农民收益少。[1]

3. 农村土地流转市场及其服务体系建设滞后[2]

土地流转缺乏有形的流转交易市场和中介机构服务。一是农村土地
自发流转比重较高，土地流转隐性市场较活跃；二是缺乏中介组织，流
转信息不畅，内部流转比例较大，土地流转处于自发无序的状态；三是
没有形成统一规范的价格体系、中介机构、抵押市场，土地流转信息公

---

[1]　参见司建平：《浅谈内蒙古巴彦淖尔市土地流转发展适度规模经营》，载《管理观察》，2009
(13)。

[2]　参见栗林：《内蒙古鄂尔多斯市农村牧区土地（草场）承包经营权流转问题探究》，载《畜
牧与饲料科学》，2009（3）。

开程度不够，缺乏流转信息发布的平台，缺乏提供相关的法律、仲裁、评估、咨询、监督等服务的专门部门。很多地方把推进土地流转工作当作政治任务来下指标、定任务，一边吸引企业进驻农村承包土地，一边采取各种办法把长期从事农业劳动的农民从土地中剥离出来，如此催生了农民上访和土地的"非农化"、"非粮化"。

4. 金融支持力度不足

土地流转后实现农地规模化种植，农户购买现代化机械、引进新技术时需要资金支持。现有的涉农企业银行机构贷款额度低，担保制度严格，融资成本高，种粮大户很难贷到满足生产需要的资金量。农业保险缺位，一旦遭受自然灾害，对种粮大户的冲击很大，无法保证持续性经营和土地租金的交付，不利于土地流转的发展。

5. 农牧民社会保障机制不健全[①]

农牧民恋土情结深，把土地看做养老的重要保障，在缺乏社会保障的情况下，不愿意出让土地。一些地区农牧民土地出让后获得的收益有限，农地流转效益不高，不能解决养老问题，打击了农牧民流转土地的积极性。

从土地规模效益到农业综合体

余粮畜业的土地集约化

近年来，国家在土地流转方面做了大量工作，发布了许多方向性文

---

① 参见于红梅：《内蒙古耕地流转对农村养老保障的影响——以通辽市为视角》，载《内蒙古农业大学学报（社会科学版）》，2011（4）。

件和纲领。2014 年，党的十八届三中全会《中共中央关于全面深化改革若干重大问题的决定》明确指出，鼓励承包经营权在公开市场上向专业大户、家庭农场、农民合作社、农业企业流转，发展多种形式规模经营。并明确了土地流转为土地使用权流转，即拥有土地承包经营权的农户将土地经营权（使用权）转让给其他农户或经济组织。

通辽余粮畜业开发有限公司是国家级农业产业化龙头企业。根据通辽余粮畜业开发有限公司与通辽市双叶农牧业发展有限公司签订的"土地承包合同"及通辽市双叶农牧业发展有限公司与通辽市科尔沁区莫力庙苏木小街基嘎查村民委员会签订的"育肥牛养殖开发项目合作合同书"，通辽余粮畜业开发有限公司租用了通辽市科尔沁区莫力庙苏木小街基嘎查村民委员会的集体土地，面积共计 850 亩，土地用途为建设育肥牛养殖场，剩余年限 22 年。

通辽余粮畜业开发有限公司推动的土地流转是养殖业中典型的通过规模效益获得收益增值的方式。但这个土地集约化过程还有许多问题值得我们思考。

首先，相关法律制度有待建立。虽然国家鼓励承包经营权在公开市场上向专业大户、家庭农场、农民合作社、农业企业流转，发展多种形式规模经营，但多数政府由于没有明确的法律制度和操作细则来支持土地流转业务，存在土地流转过程中改变土地用途等政策风险。

其次，风险形成后收贷期限将较长。虽然农村土地的承包经营权被抵押给金融机构，但如果形成风险，金融机构再将土地承包经营权转让给其他专业单位，也不会一下收回所有损失，需要很长的时间来收回贷款。

再次，建立相关制度规范业务办理。从全国来看，土地流转贷款在各家金融机构没有一个完整的操作模式，有待建立相关制度和业务操作流程。如果可以由政府出面引入一些担保公司或保险公司等其他担保方式共同参与土地流转业务,多方共同分担风险,既可以保障农民享有的土地权利不受损失,也可以保障银行贷款的有序发放和回收,从多方面防范业务风险。

蒙羊牧业集团的土地流转产业链整合

1. 蒙羊牧业集团的现状

呼和浩特市和林格尔县盛乐经济开发区的蒙羊牧业股份有限公司是一家集规模化生态草场建设、有机饲草料加工、良种肉羊繁育、有机肉制品精加工及销售于一体的现代化企业。公司成立于 2012 年,是唯一获得伊斯兰清真羊出口认证的企业。公司拥有国内一流的肉羊屠宰生产线,目前年屠宰能力可达 150 万只,极大地带动了当地养殖户的养殖热情,提高了当地农牧民的养殖收入。

养羊业是得羊源者得天下,虽然目前企业中下游做得很好,称得上是全国第一,但是可复制性太强,相关产品外部竞争者也可以生产,但唯独控制了羊源企业才能够应对此类风险。例如,如果公司的屠宰规模继续扩大,占据了一定的市场份额,就会有竞争对手盯住企业,通过物流成本、地方政府保护等措施,极大地限制企业的发展。等企业做大了,政府一定会参与应对如锡盟这样的竞争对手,做出一些干预。

2. 发展战略

未来若干年内,蒙羊牧业集团的战略布局是在内蒙古全区建立七个主要的羊源基地:呼伦贝尔、科尔沁、锡林郭勒、乌兰察布、巴彦淖尔、乌拉特和林格尔。并且基地附近就建有交易市场,贴近农村,每个基地对应多个交易市场。拟实现从上游养殖、中游屠宰加工到下游产品销售的产业链式发展。

　　种羊改良。蒙羊牧业集团的种羊改良通过与内蒙古大学、中科院和澳大利亚一家公司合作进行。目前蒙羊每年能够对20 000万只母羊进行改良（将农户手中土羊的品种全部改良），改良后的羊生长速度加快，改良后一只母羊能够多获益400元钱。

　　产业信息化系统。蒙羊自己研发产业信息化系统，从饲料厂到最后的产品分割车间都配有监控（全球可视），每个产品（鲜肉的保质期一般为半个月）都有自己的二维码，直接和自治区兽医局网站挂钩（数据库位于自治区兽医局），保证产品质量。

　　养殖基地。目前蒙羊牧业集团通过与农户合作建立养殖场来保证羊源。合作方式是由蒙羊牧业集团公司负责贷款，还款付利，公司向农户提供母羊和种羊，由农户进行育种，繁育羔羊，公司回收羔羊，将羔羊卖给养殖户进入育肥养殖阶段，后公司回收育肥后的羊，进行屠宰加工等环节。羊杀完菌过称交易，直接将钱（现金）付给养羊户，养羊户拿现金继续买羊。公司获得羊羔的办法是物权置换，给农户担保贷款，购买母羊，母羊交给当地农户，农户负责母羊的繁育工作，生产的前三个羊羔交给公司，从第四个羊羔开始，公司以高于市场价50元钱的价格进行收购，然后羊羔进入标准化养殖场。母羊超过2 000只集体养殖会带来规模不经济，羊的生产能力将下降，人工成本将上升。接羔保羔由农牧民完成，成活率较高，然而其养殖规模不足。如果增加养殖规模，必须增加产业工人，但是由于没有投入感情，产业工人接羔保羔的成活率低。因此，大规模养殖必须投入产业工人，但如果投入的产业工人数量过多，反而会造成规模不经济。

　　屠宰加工。蒙羊牧业屠宰加工车间的整个生产线是全国最先进的（澳大利亚进口），屠宰采用卧宰方式，以最大程度保证肉不受皮毛细菌的感染。从最开始进羊，到最后的分割冷鲜装袋，都是流水线作业，生产线质监局已检疫完成（流水线总共六道检疫，官方兽医局三道，公司内部三道）。最后将整羊进行分割装袋（包括三条线），一般采用冷鲜手段处理，因为冷冻的话会把羊肉的细胞冻破，导致细胞液受损，羊肉质量被破坏，冷鲜比冷冻毛利高15%～20%。冷鲜肉每两天向北京发一次货，肉产品可以定制（比如法排直接卖给高档西餐厅），法排等高端产品的结构占比在2013年只有10%，2014年达到30%～40%，逐步调整产品结构，打造品牌。

蒙羊牧业集团的年屠宰能力是150万只，但2013年的屠宰数量只有30万只，因为羊源不足。如果蒙羊牧业不能建立起自己上游的养殖基地，很难保证产业链的稳定。2014年，企业的屠宰量将保70万吨争100万吨，整个产业链将有12亿～15亿元的收入（70万吨肉量对应8亿元收入）。考虑到周边竞争激烈（尤其是锡盟羊），如果蒙羊达到了70万吨的生产负荷，就会受到外部竞争者的"攻击"。

羊肉食品深加工。蒙羊配有自己的研发中心，进行羊肉食品的深加工，蒙羊深加工食品的利润率较高，比单纯的生肉附加值高。

在这样的产业链模式中，一个核心的问题是土地的流转。产业链向上游环节拓展，需要大规模养殖基地的建设，在土地制度改革的背景下，通过确权等方式拥有土地经营权的农牧民将是支撑产业链上游的重点。目前产业链向上游环节延伸的具体操作方式有多种选择，在此问题上尚未取得共识，目前蒙羊牧业集团在政府支持下正在进行业务探索。

另外，市场化方式也可以作为未来的重要发展方向，即通过土地的经营权入股，作为公司的股东，分享公司收益；如果农牧民愿意，还可以作为公司的员工，凭借养殖等专业技术参与公司的经营管理。此种方式的优势在于从长远角度考虑政府、农牧民、公司的利益平衡，长期稳定性好。面临的风险可能是农牧民的自身素质导致中间过程的交易成本高，业务推进速度不可控；另外，公司面临股权让渡和利益分享，成本较高。此外，由于缺乏示范，需要探索建立试点模型，便于各方接受和推广。

东达蒙古王集团的立体农业

1. 基本情况

东达蒙古王是一家集羊绒制品加工、路桥建设经营、造纸、商贸、工程建筑、房地产开发、生态建设、肉奶牛饲养、绒山羊繁育、乳制品加工、酒店服务等为一体化的多元化集团性企业。目前该集团现代农牧业产业是由东达牧业公司承载，产业园区位于达拉特旗的风水梁地区，南距东胜区 58 公里，北距包头 68 公里，园区内水资源较为丰富。土地规划 53 平方公里，能够容纳 12 万人口。园区规划建设养殖区、加工物流园区和生活居住区，主要产品为獭兔养殖及产品深加工。未来将围绕特色种养业，特色加工业，大物流、大运输、大服务，以及社会公益做大做强。东达蒙古王集团在产业链的基础上，更是尝试了立体农业的模式，为土地流转的创新提供了新的尝试。

立体农业又称层状农业，是着重于开发利用垂直空间资源和水、光、气、热等资源的一种高效农业生产方式。在单位面积上，利用生物的特性及其对外界条件的不同要求，通过种植业、养殖业和加工业的有机结合，建立多个物种共栖、质能多级利用的生态系统农业生产方式。

根据不同生物物种的特性进行垂直空间的多层配置；自然资源的深度利用，主产品的多级、深度加工和副产品的循环利用；技术形态的多元复合等。立体农业可分为异基面和同基面两种类型。其中，异基面立体农业指不同海拔、地形、地貌条件下呈现出的农业布局差异。合理的立体农业能多项目、多层次、有效地利用各种自然资源，提高土地的综合生产力，有利于生态平衡。

立体农业可以缓解人多地少矛盾，缓解粮食与经济作物、蔬菜、果树、饲料等相互争地的矛盾，提高资源利用率；可以充分利用空间和时间，通过间作、套作、混作等立体种养、混养等模式，较大幅度地提高单位面积的物质产量；提高化肥、农药等人工辅助能的利用率，缓解残留化肥、农药等对土壤环境、水环境的污染，坚持环境与发展"双赢"。

东达蒙古王的风水梁园区（也叫东达生态移民扶贫村）重点打造以下五条产业链条：以獭兔养殖为主导的特色农牧业；以高新技术为先导的特色工业；以服务全面配套为目标的物流业；以苗木培植、生产食用菌为主打产品的生态产业链；以旅游、影视、休闲娱乐、沙漠赛车等为主的文化产业。物流园年产值平均300万～400万元，2013年情况比较差，只有120万元左右。已建好入住的农牧民有1 000户（小户型），还将新建1 000户（总计达2 000户），现有6 000户居民想搬进来，只能满足三分之一的需求。园区内配建有幼儿园、小学，并且免费/低成本提供给园区内的农牧民的孩子。还配建有供热厂等市政工程，以满足园区居民生活需要。整个产业园区的建设有点类似"小政府"，风水梁园区位置如图5—10所示。

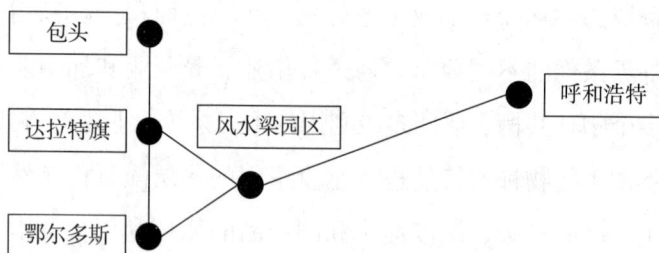

图5—10　风水梁园区布局

2. 立体农业构成

东达蒙古王集团依赖企业的多元化经营尝试立体农业模式，在有限的土地上进行种植、养殖和太阳能的综合开发。底层种植菌类和沙柳木，其上开展养殖，主要是獭兔、狐狸、羊和牛等，再往上层则是尝试太阳能板。

沙柳木加工。沙柳木纤维短、挺度好，但是耐久度差。原先仅仅是磨碎压成硬实板，含有大量的甲醛；后来采用拉丝压制工艺（设备来自德国），不破坏分子结构，不含甲醛。生产的沙柳木板不出售，全部用于生产家具等高附加值产品，提高产品利润率。

特种养殖场。特种养殖场如养狐狸、貂、貉子等，规模较小。獭兔的产业链包含两个：产品产业链和生态产业链。产品产业链：围绕獭兔，皮→肉→睾丸→血→内脏→粪便。前两者是目前主要的利润来源，未来睾丸和血将是发展的重点（每个兔子可以产生 8 斤血，提取后可达 4 斤，每斤价格 1.5 元）。生态产业链：獭兔→貂→貉子→狐狸→狼→药材。獭兔养殖业将是主导产业，规划 1 万户养殖专业户，年出栏商品獭兔 2 500 万只（通过辐射带动周边区域，养殖总规模可达年出栏 1 亿只）。獭兔产业链条如图 5—11 所示。

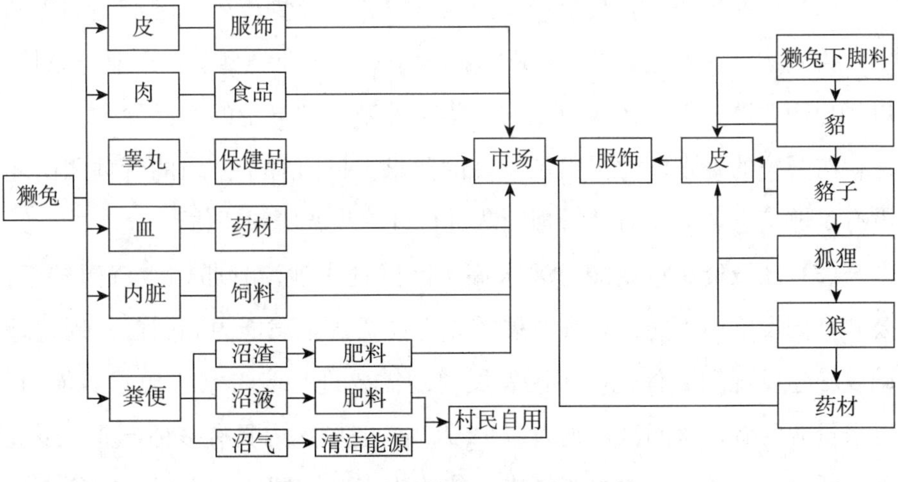

图 5—11　东达蒙古王獭兔产业链条

獭兔最怕潮，因此只能生活在北方干旱地区，这为北方的规模化养殖提供了先决条件（太潮，皮毛长不起来，容易得真菌病；太干，如吉林，皮毛太硬，也不适合养殖）。獭兔绒毛不起静电，因为几乎没有杂质，能够染成任何颜色，对皮肤无刺激。獭兔皮的利润很高，通常500～600元的成本，可以卖到8 000元。

太阳能板。2015年养殖场的后方还将新建太阳能养殖场，在现有的太阳能发电厂的太阳能板下方将种植蘑菇。

3. 立体农业土地流转存在的问题

（1）土地权属需要明确，产业园区的发展符合国家及自治区关于新型城镇化、新农村建设、治沙防沙和扶贫等相关政策要求，属于支持性发展项目。集团拥有53平方公里土地的经营权，可用于贷款抵押。因为土地关系到贷款的保障，需要对园区土地经营权的确权和估价进行进一步的调查，明确土地经营权的类型，功能用途，并进行合理估价，保证抵押物的合法有效。

（2）产业链条长，整个产业园区从农牧产品种养殖，到产品的深加工，再到物流、特色旅游、市政基础设施等，产业类型多，产业链条长。以獭兔产业链为例，从獭兔的农户集中养殖，到下游的产品深加工和销售，对公司的管理能力提出了很高的要求。目前对于公司的管理团队还没有足够信息，需要对其管理团队进行进一步调研和评估。

（3）区域资源承载能力要求高，园区处于沙漠地带，水资源缺乏，公共基础设施尚不完善，其发展需要考虑资源承载能力和园区及周边基础设施建设规划。首先，园区发展规划需要进一步考察资源承载能力。以水资源为例，该园区规划人口12万人，且园区内具有多种产业，工业和生活用水量较大，但水资源未来能否支撑整个园区的发展，有待进一步考察。目前园区及周边交通及市政基础设施尚不完善，需要进一步明确建设规划。考虑到该类投资公益性强，经济性较弱，若由企业承担，将极大地影响项目的经济性。最突出的问题是产业链的发展前景很好，但是缺少人，如何调动农牧民的积极性，如何解决年轻的农牧民不愿留在本地的问题是十分重要的。

（4）多方协调工作量大，该项目产品类型多，潜在生产能力大，需要对园区重点产品的市场需求状况、客户定位等做进一步研究。分析其产品市场需求潜力、销售策略和竞争优势，评估项目未来的经营状况。2013 年集团的资产规模达到了 160 亿元，净资产约 70 亿元，累计实现销售收入 46 亿元，作为民营企业取得这样的成绩值得称赞。

生态产业联盟的农业综合体

协同创新的产业联盟是在立体农业基础上的组织模式创新。东达蒙古王集团的立体农业还是在集团内部进行的产业整合，虽然比产业链的打造更为进步，能更好地发挥土地流转的效率，提供更高的产出，但是面临的风险和开放创新的程度却是不够的。

1. 草原生态产业联盟简介

草原生态产业联盟是国内生态产业模式探索和实践的先行者。2013 年由蒙草抗旱与余粮畜业两家公司联合发起，汇聚了 40 多家企业、科研院所、金融机构及社会团体，经自治区科技厅批准成立了草原生态产业联盟。按照六部委联合发布的《关于推动产业技术创新战略联盟构建的指导意见》，联盟旨在搭建生态产业运营平台，探索并实践草原生态修复中的关键技术及产业持续运营模式。联盟目前有 47 家单位，其中工商企业 30 家，金融机构 6 家，科研院所 6 家，社团组织 2 家，牧民专业合作社 2 家，中介机构 1 家。

联盟以蒙草生态牧场为基础，本着"平等参与、联合开发、优势互补、合作共赢"的原则，打造"草原种质资源开发—生态修复—现代牧场建设运营—绿色养殖加工及新能源应用—新牧区建设"为一体的产业链，将草原修复从单纯的绿化种草转向综合生态、经济、社会效益为一体的草原生态文明建设。

☞ 开放式创新

开放式创新（open innovation）这个概念和理念（特别是公司内部科研）从 20 世纪 60 年代就开始讨论，最早是由加州大学伯克利分校的教授 Henry Chesbrough 在《开放式创新：新的科技创造盈利方向》一书中提到。这个概念涉及用户创新、积累创新、诀窍交易、大规模创新和创新传播。

"开放式创新是指公司利用外部思想进行创新，拓展科技"，或者指"与合作伙伴一起创新，分享风险，分享盈利"。公司和周围环境之间的界限变得模糊，创新可以在公司内部或公司外部进行。

开拓创新的核心思想是世界上充满了知识，公司不需要完全依赖公司内部进行科研，公司内部不能进行的创新可以在外部进行（例如通过授权、合资公司、资产分拆等）。

生态产业联盟是在立体农业基础上的进一步创新，考虑和涉及了更多的利益相关者，也为土地流转的进一步发展提供了组织创新的可能。不同的组织在同一块土地上进行各自的创新性活动，其创造的价值增值是单纯的产业链和组织内部的立体农业所无法比拟的，尽管在形式上它似乎也是立体农业的形式。

　　《中共中央关于全面深化改革若干重大问题的决定》提出"赋予农民更多的财产权利"，这是对农民权利的"解放"，同时也拉开了土地改革的序幕。农牧民最大的财产就是承包的土地、草场和宅基地住房。使这些财产变为"资产"，为农牧民带来收入，其关键在于让这些财产具有流动性，也就是可交易性。财产的流动性带来了财产的保值增值。而保值增值的背后是土地的集约化使用，只有土地使用效益大幅度提高，才可能实现国家、地方、企业和农牧民的多赢局面。土地流转激活了土地这一基本要素，这给融入金融元素带来前所未有的契机，其他基本要素的流转过程已经见证了这一发展历程，土地改革必将催生"土地金融"的出现。

　　土地流转的收益增长方式决定了土地流转的开始，但也仅仅是开始而已。单纯的规模效益增值方式远远不能满足社会发展对土地流转的需求。产业资本与金融资本进入土地流转领域是市场发展的必然趋势。那么产业资本与金融资本如何在土地流转中发挥作用就是不得不面对的问题了。获得的土地流转增值收益应该如何分配，以及如何能够保证土地流转增值收益分配的真正实现，形成良性可持续的土地集约化经营？这着实是摆在土地流转所有利益相关方面前的一道难题。

第三部分 收益的分配方式决定土地流转的成败

在财富没有被公平合理地分配给社会成员时，丰富与否并不显得多么重要。

土地流转的收益分配是土地流转中另一个核心问题，土地收益的增长方式与分配方式决定了土地流转成功与否。只有收益合理分配，土地流转的深刻变革才可能成功。否则，土地流转中的利益损失方就要与利益获得方进行斗争，这无疑会增加土地流转的难度，即使支持土地流转一方获得了胜利，社会成本无疑也是很高的。

　　中国历史上的历次土地变革中，农民都属于弱势群体，其中的原因很多。但是我们希望这一次的土地流转能够很好地处理这个问题。这就必然要考虑农民参与土地流转收益分配的方式，这无疑与土地收益增值的方式有必然联系，关键是产业资本与金融资本参与土地流转之后，如何保障农民的利益，尤其是要考虑农民收益的可持续性。现实中，一方面，土地流转带来的收益越来越多，规模越来越大；另一方面，土地碎片化的状态限制了土地的进一步集约化。各方利益诉求差异较大，企业并不愿意同农民打交道，而是更多地依赖政府部门，而缺少了农民这一环是不现实的，也是不可持续的，在碎片化的土地状况下，农民是绕不开的。土地流转各利益方还是必须要走到一起，寻求一个各方都可以接受的利益分配模式是决定成败的关键。此时，让农民成为股东，持续地享有收益，是最好的方式之一。

第 *6* 章
土地流转的利益网络

　　土地流转开始后，土地通过各种方式增加的价值逐渐上升，利益的增加进一步推动了土地流转的加速。然而，利益问题是土地流转的核心，土地流转带来收益的可持续性需要更为复杂的收益分配方式来支持。在这场利益争夺战中，各方利益主体为了追求自身利益最大化，总是希望通过有效地组织现有资源、采取一致的行动影响其他群体的决策，尽可能扩大自身发展所需的利益。

　　从静态来看，土地流转产生存量利益的巩固[①]，即现有利益的增值。首先，土地流转实际上增加了农民拥有的土地权利。土地流转之前，农民在土地上获取的主要利益是原始的农业种植收益，通过世代的耕作和辛勤劳动获取生存发展的保障，从土地上获取的收益仅限定于自身的劳作。在土地流转之

---

　　① 参见李长健、梁菊、杨婵：《博弈视角下农地流转与农民利益保障机制探析》，载《桂海论丛》，2009（4）。

后，农民对土地的使用方式发生了改变，农民不需要同土地绑定在一起，土地使用权出让（包括转包、转让、互换、入股等方式）所获的收益也纳入到农民天然利益的范围内，实际上农民既有的土地权利在增加。其次，土地流转本质上是土地逐渐市场化，增加了土地的市场价值。在我国土地国有化政策背景下，土地与市场的隔断导致土地价格被严重低估，政治因素的参与使得土地价格被一再压低，农民现有的资产价值得不到体现。土地流转创造了土地的需求与供给，市场因素开始渗透，土地的价格有向价值靠近的倾向。部分农用地在政府的征收下转为非农用地，土地用途得到扩展，土地价值增加，并且价格向价值靠近的过程具有巨大的利益空间。

从动态来看，土地流转引发增量价值的提升。首先，农业土地的生产效率大大提高。土地流转之前，其利用方式以小规模的家庭联产承包为主，尽管家庭生产的积极性大有提高，但以家庭为单位的规模限制也使得农业生产率发展进入瓶颈期，自然风险、市场竞争等因素难以克服。而土地流转带来了土地集约化生产的可能，现代化生产工具、专业的知识人才和管理团队等要素能够加到农业生产中，同样面积的土地，其利用率大大提高，土地的增量价值也得到提升。其次，农民对土地的依赖减少，生活方式呈现多样化。我国农民自古以来对土地有天然的依赖，无论是生存所需的基本物质条件，还是生活的所见所闻都限定在土地中。随着时代的发展，土地已经不能满足很多农民的物质、文化需要，于是逐渐形成了农民进城务工的趋势。对于一部分农民而言，参与土地流转为其进城务工解决了后顾之忧。农民进城之后有更多的收入来源，拓宽了视野，丰富了生活方式，对土地的依赖相对减少。

土地流转利益网络中的角色

土地流转在转出方、转入方、第三方的共同配合下完成，流转的过程也形成了一张利益网络，而网络的各个主角都希望在土地流转既定的利益中实现自身利益最大化。于是，土地流转形成的利益网络就成了一个多方博弈的赛场。

农民

由于农民对土地的利用具有天然的利益正当性，具有土地的承包使用权，所以农民是土地流转中最重要的角色。绝大多数农民扮演着土地转出方的角色，少数种粮大户作为土地转入方，后者角色如同租入土地的企业，在此主要讨论作为土地流出方的农民。

家庭联产承包责任制是决定当今农民与土地关系的最基本、最广泛的制度，家庭自负盈亏极大地促进了农民的生产积极性。但在当今的农产品市场上，粮食种植的收益在整个产业链中的份额较小，散户的种粮收入已经不能满足一个普通农民家庭的发展需要。举例而言，2013 年河南省封丘县某农民种粮成本为每亩 435 元，国家补贴 113.74 元，小麦、玉米每亩年收入1 200 元，毛收入 878.74 元，15 亩地年总收入为 1.97 万元，毛收入约 1.3 万元。与打工相比，散户的种粮收入就是"微利"，当地土地收入只占家庭收入的 30% 左右，当地青壮年劳动力多数外出打工。[①] 这样的情况在中国普遍存在着，土地流转需求不仅仅来自使用土地的企业或种粮大户，对农民而言，他们同样希望通对土地的流转获得收入，减轻收入负担。农民参与土地流转的利益主要在于以下方面：

（1）收入途径的增加。农民的收入方式不仅限定于耕种劳作，可以通过多个途径获得更多收入，例如土地作价入股获得分红、取得使用权转出的转让费、转变为农业企业的雇佣工人获得工资收入等。

（2）生活方式的多元化。收入方式的增加不仅仅带来了农民收入数额的增加，更在逐渐改变农民的生活方式，甚至有助于改变农民封闭的思想状态。农民有机会从事非农业生产，在思想上得到一定程度的解放；有机会走到城市中，看到土地之外的世界；有机会学习知识、技术，获取新的生存技能。

而在参与土地流转过程中，农民面临的潜在风险有如下几点：

（1）信息不通畅、话语权薄弱。与利益网络中其他利益方相比，农民不具有强大的智囊团，获取信息途径少，缺乏对土地价值的预见性，看重眼前利益，容易受政府、企业左右，通常低估土地价值；而且话语权不足，土地流转的利益受到地方政府，甚至村集体的层层盘剥。这些因素导致农民不能认清土地流转给他们带来的真正价值，土地出让款被低估，使实际应得利益受损。

（2）法律意识薄弱，维权风险大。农民的法律意识、维权意识淡薄，很多村内的土地流转仅仅停留在口头承诺阶段，等出现意见分歧时没有可参考的依据，甚至通过武力解决冲突。尽管武力的解决方式使得在与企业、政府合作过程中能够争取到一定权益，但从长远角度来看，企业

---

① 数据来源：《人民日报》，2013-06-09。

缺乏对农民的信任，无法与农民达成双赢的长期合作，不利于农民利益的维护。

（3）失去土地承包经营权的风险。"入股"属于投资行为，其中存在企业经营不善的风险。一旦企业破产，按照《中华人民共和国企业破产法》清偿债务时，农民可能面临失去土地承包经营权的风险。此外，农用地可能出现政府征收转为非农用地的情况，同样地，农民面临着失去土地承包经营权的风险。失地农民缺乏土地的天然保障，多数采取进城务工等方式获得收入，但目前城市并不完全接纳农民，在就业、就医、儿女就学等方面存在重重困难。

村集体/村委会

村集体在土地流转中处于重要位置。首先，作为村成员，村集体与全体村民的利益存在一致性，村富裕则村集体富裕。但在行政上，村委会与地方政府存在从属关系，是政府权力的实施者，同时也是村民认可的集体经济组织的管理者。一方面，村委会在保护本村耕地、争取流转收入上与村民站在同一立场；另一方面，村委会天然追求自身利益最大化，在本村内部土地流转利益分配时倾向于获取更多收益，与村民个体之间存在一定矛盾。这样的多重立场使得村集体参与土地流转存在着多重利弊选择。总的来说，村集体参与土地流转具有如下潜在收益：

（1）组织全村土地流转，获得威信。在某些地区，村集体是土地流转的主要推动者，表现在如下方面：组织本村外出打工户的土地集中转包；通过反租倒包形式将村民的土地租入再租给种粮大户或企业；组织土地信托形式下的信托基金分配等。村集体对全村土地流转的组织情况展示了其组织能力，有效率的组织者能将闲置的土地集中，在与企业讨价还价中为农民争取更多收益，解决务工村民的后顾之忧，既为全村谋得经济收益，又赢得了威信。

（2）与企业或政府共同谋利。村集体既可以站在村民的立场上，又可以站在企业或政府的立场上，例如劝说流转意愿不强烈的村民参与流转，对土地进行重新整合等。当站在企业或政府立场上时，村集体可能获得来自企业的更多的金钱利益，或来自乡镇政府的更多的权力，也有可能在土地流转的利益分配中得到更多的利益。

村集体站在不同的立场，所面临的风险也不同：

（1）引领全村土地流转需要风险识别能力，若村民没有得到满意的报酬，效果适得其反。村民对村集体牵头的项目有更多的信任，对预期收益的数额和稳定性也有所期待。村集体在与企业交涉的过程中必须能够判断企业盈利能力，保证在土地租用期间企业能够支付约定的租金或股利，否则容易招致村民的猜忌和不满，在村中的威信下降。

（2）当村集体站在政府或企业的立场上时，容易与村民发生矛盾。通常，与政府或企业联合，村集体能够获得更直接的利益或政治收益，然而这会导致村民的利益受损，引起强烈不满，甚至出现冲突。

乡镇政府/地方政府

我国法律规定，乡镇政府、村民委员会、村民小组三级都是农民集体土地所有权代表，对集体土地享有经营权、管理权。乡镇政府在土地流转中扮演着监督者、指导者、服务者角色，同时，部分乡镇政府作为发包方参与组织当地土地流转项目，发包土地、监督承包方合理利用土地。简言之，乡镇政府既能制定土地流转规则，又能参与当地土地流转，这种多元化的角色使得政府容易谋利，也容易受到风险冲击。

乡镇政府在土地流转中可以获得的利益有：

（1）政绩与口碑。组织好土地流转工作为农业现代化发展创造了条件，有利于促进本地经济发展，对上级政府而言能凸显政绩，对百姓而言能树立政府在农业生产方面的良好口碑。

（2）权力寻租带来的利益。利用对集体土地的权力，避开上级监管、审核，把公共权力商品化；或是利用权力之便以及信息不对称的优势，压低土地流转补偿款，控制舆论与土地价格，都能带来巨额的物质利益流入。

（3）从流转过程中获得差额利益。作为公权力的代理人，政府有谋求自身利益的倾向，土地流转的审批程序是其可谋利的方式之一，如收取手续费、后续管理费等。

而其中伴随的风险也十分明显：

（1）政治风险。在土地流转过程中，乡镇政府扮演着裁判员的角色，对当地土地流转模式有很大的发言权。各村各户情况不一，统一意见十分困难，部分地区的乡镇政府利用职权之便强制性干涉，公权力越位，与民争利，甚至出现勾结企业、贪污受贿、暴力对抗村民等个别现象，导致农民强烈的不满情绪，严重影响了政府的公信力。农民的对抗、上访以及媒体的曝光也形成了政府的政治风险，当违反党规、法律时，相关人员则会受到纪律和法律的惩罚。

（2）处理流转冲突的风险。土地流转涉及的利益分配问题是冲突的根源，利益越大，冲突越明显。权衡多方关系、降低各方在土地流转中的不满情绪、化解利益各方的潜在矛盾，是当地政府的职责。当冲突真正发生时，不仅会对当事人造成不良后果，也会对政府的公信力、口碑和领导人的政绩带来不良影响。

承包土地的大户或企业

承包土地的农牧业大户或企业是土地流转的推动方，是土地流转活动的最终需求者。大户或企业通常掌握先进的种植技术和管理经验，在土地流转中主要的可获利益如下：

（1）实现规模化、集约化生产。凭借其先进的种植技术，获得土地使用权并合理利用就是创造价值的主要方式，土地面积越大，越适于集约化种植，降低单位成本，形成规模效应。

（2）压低受让金。目前土地市场不完善，土地流转过程中存在严重的信息不对称，个别企业利用信息不对称，联合政府等利益主体压低受让金、降低投资成本，以获取更大的收益。

（3）掠夺性地使用土地，实现短期利益最大化。企业在短期承包土地时容易追求短期利益，忽略对土地的长期保护，不注意土地休整、维护，甚至排放污染物，导致土地归还农民后肥力下降。尽管这种短期行为并不道德，但却可以为企业带来成本的节约、短期效益的提高。

伴随大户或企业承包土地的风险有如下几项：

（1）自然灾害风险。自然灾害风险是农业生产不可避免的风险，例如气候不宜、虫灾病害等。但与家庭劳作相比，种粮大户、农业企业对抗自然灾害风险的能力大幅度提高。首先，农业生产的现代化水平较高，在旱涝等灾害发生时能借助科技的力量在一定程度上予以缓解；其次，专业技术的提高、优良品种的选育对于抵抗病虫害具有积极作用，因此自然灾害的风险尽管存在，已不是企业面临的主要风险。

（2）市场竞争风险。随着农产品市场的放开，农产品供应量逐渐增加，更有来自国际市场的冲击，使得农业企业不得不面对激烈的市场竞争。企业必须充分利用现代科技技术，采取先进的管理办法，既保证产品质量的标准化，又降低单位生产成本，唯有如此才能适应市场发展的需要，不至于在市场竞争中处于劣势地位。

（3）农民违约风险。签订合同时，若给予农民的补偿偏高，使企业成本过高，经营困难，影响绩效；若给予农民的补偿偏低，农民之后会根据市场价格的上涨要求提价或收回土地，引发纠纷。与企业相比，农民法律意识淡薄，利益短视，个别地区办事风格粗暴，即便在签订合同后，农民认定既得利益不够多，也可能采取阻止企业生产、扰乱企业秩序等方式迫使企业增加土地转让费用。即便诉诸相关机构，官方多出于维稳目的不做干涉，或即便做出裁决，农民也没有对违约进行赔偿的能力，导致企业的经营受到影响，成本大大提高。

（4）土地租用期限短，且村户之间租期不一致。我国耕地承包经营权为30年，草地承包经营权为30～50年，并且不同农户之间因成员更替等原因，承包面积、经营权期限时有变化，企业与村民合作时存在期限难统一、承包期短等现象，一旦出现个别土地的调整将对企业的生产经营产生不良的影响。

第三方服务机构

土地流转中的第三方服务机构主要指中介组织、金融机构等，可以为其他角色提供咨询、信贷、手续等服务。按兴办方，可将服务机构分为农民自发兴办的服务机构、政府部门兴办的服务机构、企业兴办的服务机构，如村干部办理的土地流转托管站、政府土地交易中心、中信信托的土地信托中心等。按类型，可将其分为土地银行（以四川彭州市、宁夏平罗县为代表）、土地信托服务机构（以浙江绍兴市柯桥区（原绍兴县）、湖南益阳市为代表）和土地股份合作社（以江苏常州市、浙江平湖市为代表）。[①]农民、村集体和企业在土地流转中的利益或风险是切身的、重要的，而相比之下第三方服务机构的涉入度稍低，更倾向于服务功能，所涉及的风险也相对小。其利益有如下两点：

（1）现有中介机构在土地流转中的利益主要来自对提供服务获得的报酬，如收集、发布土地流转信息，对农户参与土地流转进行指导，调解纠纷[②]，提供信托服务、信贷资金援助等。由于第三方机构的参与，土地流转的交易成本降低，信息不对称得到缓解，尤其是由政府组织构建的服务机构，服务性质大于盈利性质，旨在规范土地流转市场秩序，缓解纠纷、矛盾。

（2）对于金融机构兴办的土地信托等机构，其获利方式还包括对于土地流转的投资。因对流转业务的了解以及专业的投资知识，金融机构在流转业务中具有方便的投资条件，能把握土地的增值机会，在提供信贷支持的同时获取投资收益。

中介面临的主要风险是"保护无门"[③]。目前规范土地中介行为的法律欠缺，中介行为缺乏法律依据，涉及土地问题所引发的冲突通常较为激烈，中介组织既无法律可参照，又不能完全依赖政府，难以得到强有力的保护，这也使得我国土地流转中介市场并不完善，其中大量的市场机会还有待于进一步挖掘。

---

① 参见温修春、何芳：《不同治理模式下的我国农村土地流转利益均衡分配——基于"中介组织"视角》，载《软科学》，2012（9）。

② 参见于锦清、严金明、夏方舟：《中国农村土地流转中介组织研究：交易费用的降低与影响因素的确认——以浙江省余姚市、江西省南昌县为例》，载《安徽农业科学》，2012（34）。

③ 张正国：《社会主义新农村建设背景下农村中介组织创新分析》，载《改革与战略》，2006（8）。

土地流转利益网络的关系分析

在土地流转过程中，主要有农民、农业企业或者承包大户、村集体与镇政府、金融机构等参与其中。它们在土地流转过程中扮演着不同的角色，争取着不同的利益。它们在因土地流转而形成的产业链（见图6—1）中不同的环节表达着各自的利益关系。

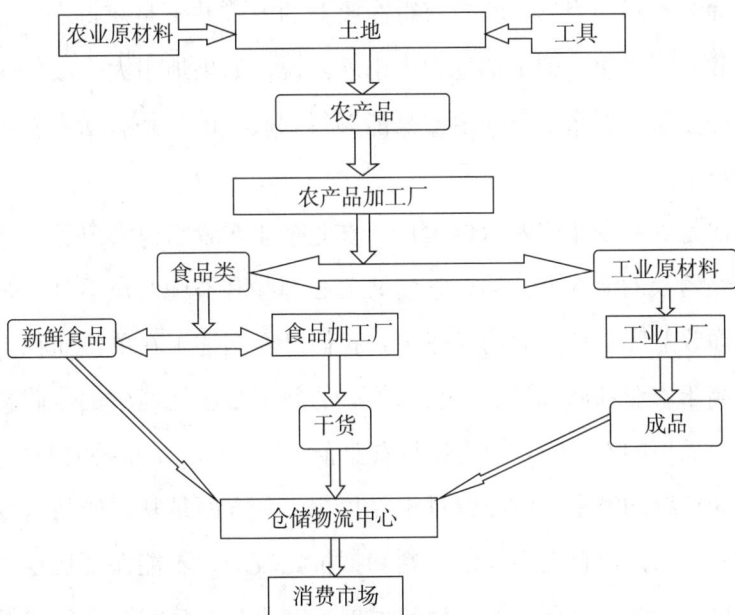

图6—1　因土地流转而形成的产业链

首先是农户。农户拥有土地的承包权和经营权，而土地的经营权位于整个产业链的顶端。整条产业链始于农户将自己拥有的土地经营权流转，但是如何才能使农户将其土地的经营权流转呢？农户关心的是哪些利益呢?

在将土地经营权流转出去之前,农户通过自己耕种获得土地经营的净收益①。从此可以看出,农户关心的是土地经营的净收益。如果将土地经营权流转后,农户依然能够获得土地的净收益,那么,对于农户而言,这是一种帕累托改进,因为农户不用耕种了,却依然获得了土地经营的净收益,农民可以将以前用于耕种的时间用于从事其他活动,以改善自己的生活品质。

而且,在规模化经营的情况下土地经营的净收益还会比农户碎片化经营的净收益高。当然,农户获得净收益的方式并不是获得农产品,而是将净收益货币化,即土地地租。也就是说,如果地租大于或等于土地经营的净收益,那么农户的生活是能够得到改善的,是有动力将土地经营权转出的。

其次是农业企业或者承包大户。农业企业或者承包大户等是承租方及土地经营权的流入方。那么它们又关心哪些利益呢?是不是也是土地经营的净收益呢?在前面的描述中,我们已经阐述了在单位面积上工业利润远高于农业利润。显然,它们关心的并不是土地经营的净收益,而是土地上长出的农作物,因为这是农业企业最根本、最重要的原材料。

因为传统的家庭承包经营过于碎片化,一方面是其农产品质量参差不齐,一方面是对自然灾害的预判和抵抗比较弱,不能保证稳定的、高质量的供货。为了保证企业的稳定发展,农业企业就需要花费大量的精力和财力来获得稳定的农产品。但是,如果农业企业承租了土地,用规模化的经营方式来耕作,一方面节省了之前需要去农产品市场购买所需农产品的交易成本,即交易成本内部化;另一方面获得了稳定可控的原

---

① 此处是净收益,即农作物收入所得除去各种费用。

材料，农产品加工厂可以更好地规划自己的生产和存货，节省生产成本。因此对于承租方而言，其通过交易成本内部化等方式减少了生产成本，而在其他条件不变的情况下，显然，它也获得了帕累托改进。甚至由于规模化生产造成农产品产量增加，农产品加工厂也可以扩大规模再生产以获得更多的利益。因此，农业企业也是有动力来承租土地的。

再者就是村集体与镇政府。它们是土地流转的协调者。就算农户愿意出租自己土地的经营权，而农业企业也想承租土地的经营权，但是，如果农户与企业直接签订合同的难度比较大，一方面农户担心自己因知识不足而被企业所蒙骗，另一方面企业也不想进行这种碎片化的签约，成本和风险都太高，则这时候就需要村集体或者镇政府这种第三方协调机构。但是，村集体和镇政府又有什么样的动力来做这个协调者呢？

作为协调者，传统的思维应该是从被协调者一方或者双方获得利益。但是，村集体和镇政府是行政单位，是非营利性的。它们的动力主要来自两个方面，一方面是其职责所在，因为促进土地流转有利于当地的经济发展，有利于提升当地人民的生活水平，这是它们作为行政单位的职责所在。但是更重要的是财政税收的增加。因为当土地流转形成规模化生产后，能够形成从农产品生产到加工到仓储物流再到消费者市场的一条完整的规模化的产业链，这条产业链中的工厂会向当地提供充足的财政税收，其中最典型的就是双汇在河南的作用。而在土地流转前，这些加工可能都只能停留在小作坊式的生产上，不能给当地提供税收。而且，以前的农户可以进入这些企业工作，从而能够产生相应的个人所得税。因此，村集体和镇政府也通过税收的增加获得了帕累托改进，有足够的动力来充当协调者这一角色。

最后就是金融机构。金融机构在土地流转中的作用就是为土地流转提供相应的金融服务。包括银行类金融机构和非银行类金融机构。其中，银行的作用主要是给企业提供抵押贷款和第三方支付。土地流转后形成的产业链中增加的企业都是金融机构服务的对象，即使金融机构是作为第三方支付而存在，这也会为其增加更多的储蓄客户。

但是，在土地流转过程中还存在需要大量的资金，而又无法提供相应的抵押品的情况，如土地整合。这时候就需要非银行类金融机构的参与，如信托和基金。而这类机构的利益又在哪呢？它们的利益主要来自整条产业链的增值。这类金融机构的优势则在于产业链的整合。它们通过入股的方式进入这条产业链的各个环节，如农产品加工、食品加工、工业加工甚至物流环节，获得整个产业链从无到有、从小到大的增值。因此，非银行类金融机构也有动力参与土地流转过程中所需的金融服务。

收益分配应该是一种帕累托改进

帕累托改进（Pareto improvement）又称帕累托改善，是以意大利经济学家帕累托（Vilfredo Pareto）命名的，并基于帕累托最优（Pareto optimality）。帕累托最优是指在不减少一方福利的情况下，就不可能增加另外一方的福利；而帕累托改进是指在不减少一方的福利时，通过改变现有的资源配置而提高另一方的福利。帕累托改进可以在资源闲置或市场失灵的情况下实现。在资源闲置的情况下，一些人可以生产更多并从中受益，但又不会损害另外一些人的利益。在市场失灵的情况下，一项正确的措施可以削减福利损失而使整个社会受益。

帕累托最优和帕累托改进是微观经济学，特别是福利经济学常用的概念。福利经济学的一个基本定理就是所有的市场均衡都是具有帕累托最优的。但在现实生活中，通常的情况是有人有所得就有人有所失，于是经济学家们又提出了"补偿准则",即如果一个人的境况由于变革而变好,因而他能够补偿另一个人的损失而且还有剩余,那么整体的效益就改进了,这就是福利经济学的另外一个著名的准则——卡尔多-希克斯改进(Kaldor-Hicks improvement)。

在现实生活中,我们可以看到很多的帕累托改进。你早上出去买早餐就是一个帕累托改进:你填饱了肚子,早餐店老板也赚了钱,一个人的处境变好的同时并没有损害任何其他人的利益,这就是一个帕累托改进。

做一件事,如果是一个帕累托改进,由于没有人受到损害,所以阻力自然就很小。但如果不是一个帕累托改进,则阻力通常就比较大,因为受到损害的人必然会反对。改革开放初期,改革大多是帕累托改进,例如,分田到户,搞家庭联产承包责任制,农民获得好处,别人也没有什么损失,所以阻力不大。但现在国有企业改革、政府机构改革等等,损害到一些人的利益,所以阻力重重,进展缓慢。

需要指出的是,帕累托最优只是各种理想标准中的"最低标准"。也就是说,一种状态如果尚未达到帕累托最优,那么它一定是不理想的,因为还存在改进的余地,可以在不损害任何人的前提下使某些人的福利得到提高。

在土地流转过程中,农户直接或者间接接触土地的承租方,双方直接达成租赁协议。直接接触的土地流转模式包括转包、出租、互换模式。在这些模式下,虽然也需要村集体的协调,但签订协议的往往是农户和承租方。当农户直接接触承租方时,其本身一般对土地的使用价值有比较清楚的认识,只有在获得足够的利益情形下才可能转让自己的承包权。而且一般农户会选择将自己的土地承包权转让给在当地有足够威望或者自己信得过的农业大户或者企业,因为其信用比较好,风险性相对较低。

　　此处的主要风险来自两方面：一方面就是农户一般知识水平较低，对租赁合同的一些不利于自己的隐性条件不能够识别，承租方往往过于强调收益，而隐瞒土地的使用规划，可能到租赁结束时土地已经遭到过度开发而不能再种植以前的农作物了；另一方面则是当租赁方违反租赁合同时单个农户力量有限且分散，很难维护自身的权利。还有一个缺陷就是农户直接接触的土地流转一般规模较小，很难形成规模化的经营，尤其难以形成整个产业链，其土地流转增加的附加值较低，很难把蛋糕做大，很难给农户足够的利益以驱使他们将土地经营权流转出来。

　　间接接触的土地流转包括信托模式和股份合作模式。在这些模式下，往往是村集体先将农户的土地经营权集中起来，再代表农户与承租方签订协议，并代表农户行使相应的权利。间接接触的最大风险来自委托代理风险，因为农户和村集体的目的是不一样的。农户关心的是土地经营的净收益，而村集体关心的是当地整个经济总量的增加。

　　显然，企业给当地带来的经济总量的增加远远大于农业，所以，村集体可能为了吸引农业企业来当地投资办厂而以损害农户的利益为代价来给予企业相应的各种优惠。村集体是农户的代表，而其利益动机却偏向企业，农户更加处在一个不利的位置。尤其是股份合作模式，在复杂的资本运作前，企业完全有方法通过合法的手段侵蚀农户的利益，如低估土地的价值、稀释农户的股权、不发放股利等。

　　当然，解决所有利益分配问题的最根本的方法还是要把蛋糕做得足够大。因为只要把蛋糕做大，并且设计好合理的分配方式，就能够给土地流转中各方参与者都带来好处，形成帕累托改进。但是如果土地流转并不能给土地带来足够大的增值，那么很难开出足够优惠的条件让各方积极参与到土地流转过程中来。

　　目前我国土地流转还处于起步阶段，无论在法律上还是在市场建设上都不完善，而且我国幅员辽阔，地势和人口分配复杂多样，要想保障利益的合理分配，需要做到：完善土地流转相关法规，尤其是土地的产权问题；逐步完善土地流转市场，尤其是市场的价格形成机制；严格坚守农户自愿原则，坚决防范被代表等事情发生；加强媒体监督。

综上所述，在整个土地流转过程中，农户关心的是土地经营的净收益；承租方关心的是获得稳定可控的农产品以保证自己企业的稳定发展，同时减少交易成本；村集体与镇政府作为协调者关心的是促进当地经济的发展以促进财政税收的增加；金融机构关心的则是整个产业链的整合优化。因此，只要分配合理，对于所有参与者都是一种帕累托改进，各方都有动力扮演好自己的角色以促进土地的流转。

第 7 章
土地流转收益的分配与保障

　　土地流转的变革无疑是深刻的，像家庭联产承包责任制的产生一样，由农民自发地组织起来，推动社会发展且并未产生大的社会动荡的土地变革，是我们很难遇到的情况。而且土地流转自组织发展达到一定的稳定状态所需的时间太长，时间却又是中国深化改革进程中最稀缺的资源。因此，因势利导地顺应潮流，制定相应的政策，疏导这股改革的力量，推动社会的发展与进步就是必然的选择了。因势利导需要我们明确：简单的规则创造复杂性，复杂的规则并不能够降低土地流转问题的复杂程度。政府治理的理性选择是从建立简单的规则入手，而不是干扰个体的选择。设计规则的核心问题是要清楚土地流转各利益相关方的诉求，在土地流转的诸多利益相关方中，我们需要引领的力量，即熟悉市场规则的领导型组织（企业、金融机构），由它们争取土地流转的增量收益，引导增量收益的分配，并保证土地流转收益分配的实现，保证土地流转收益可持续地发挥作用。

国家高度重视土地流转的问题，但是不改变农业发展模式，很难解决低收益、高风险、高投入的状况。我们必须认识到，土地流转增量收益的分配会决定土地改革的成败。土地流转收益分配的方式是各方利益博弈的结果，然而，在零和博弈的条件下，无论怎么分配都会给某一方带来损失。放到中国现实土地流转各利益相关方中考虑，博弈各方中最弱势的一方似乎只能是拥有土地经营使用权的农民。因此，零和博弈在中国是不可持续的，长期发展下去会危及国家安全。

我们需要能够带来增量收益的土地流转收益增长方式，而如果获得收益后的利益分配机制不合理或收益分配规则无法保证，则与零和博弈是一样的。所以，世界各国对收益分配的政府监管和市场机制都是极其重视的，不同国家关注不同的方式，美国关注准完全竞争性市场；英国关注中央、地方与市场的配合；日本关注政府严格监管下的交易市场；法国关注非营利性中介执行政府调控；德国关注自主申请、多方参与、官方估价的方式。这些保障措施是成熟市场条件下可以借鉴的，但是对于中国目前的阶段而言，借鉴意义究竟有多大还要见仁见智。不过，清楚地了解和学习其他国家的实践总是有意义的。

土地流转的收益分配模式

收益分配问题是土地流转的核心。流转是土地使用权逐渐进入市场的表现之一，而市场是逐利的，对于流转产生的巨大价值，各利益主体都希望争取更多的利益蛋糕。增加利益收入的方式之一是联合其他利益主体，形成规范、有序、健康的土地流转机制，共同把蛋糕做大。这种方式是最具持续力的发展方式，需要合作方相互信任、共同遵守游戏规则。增加利益收入的方式之二是在现有蛋糕的基础上争夺其他利益主体的蛋糕，提高自我利益的份额。在这种形式下，一方利益的增加意味着另一方利益的减少，蛋糕成为众人争夺利益的战场，容易激发群体之间的矛盾，不利于土地流转市场的长远发展。目前我国两种情况并存，供给和需求的增加、政府的规范和主导、中介市场的发展是土地流转利益蛋糕逐渐做大的表现，而其中出现的内幕交易、强制流转、虚假流转则是个别利益集团争夺利益份额的体现。

在理想状态下，土地流转形成由农户、村集体、乡镇政府、中介组织、种粮大户或农业企业共同参与的产业链，诸利益方各司其职，共同通过土地流转创造价值，为消费者提供产品，形成完整的供应链体系，而土地流转创造的价值逆着供应链方向传递，根据契约原则进行合理分配，如图7—1所示。

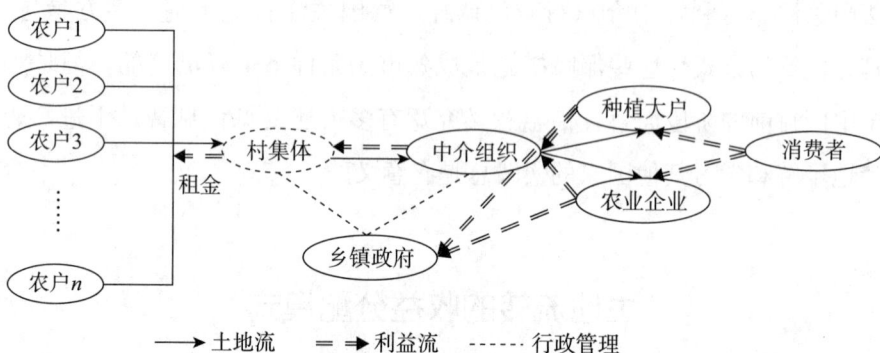

图7—1　土地流转的供应链

不同的土地流转模式，其利益分配的方式也有所不同。目前国内土地流转模式主要有转包、出租、互换、信托、股份合作等模式。在不同的模式下，参与的主体不同，利益的分配方式也不一样。

1. 转包模式

转包是指承包方将自己部分或者全部土地经营权，以一定期限和条件转包给同一集体经济组织的其他农户从事农业生产经营。其利益流转如图 7—2 所示。

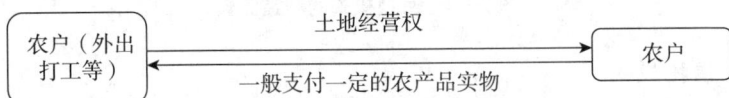

图 7—2　转包模式的利益流转

2. 出租模式

出租是指承包方将自己部分或者全部土地经营权，以一定期限和条件租赁给大户、业主或企业法人等承租方从事农业生产经营。如果与承租方直接签订租赁合同，那么利益分配则是承租方获得农业经济收入，而农户获得租金。其利益流转如图 7—3 所示。

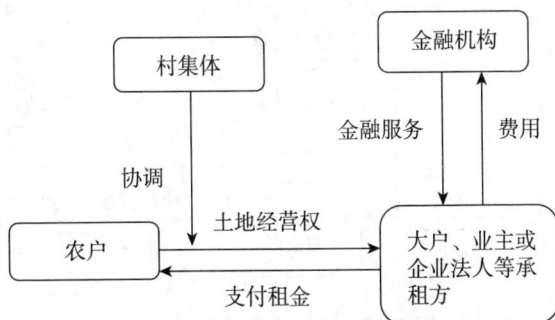

图 7—3　出租模式的利益流转

3. 互换模式

互换是指农村集体组织内部的农户，为方便耕作或满足各自需要，将承包地块进行简单交换，同时相应交换各自的土地承包经营权。其利益流转如图 7—4 所示。

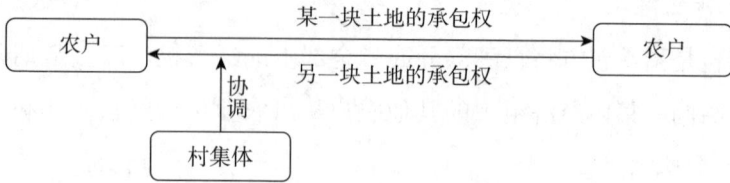

图 7—4　互换模式的利益流转

4. 信托模式

信托模式是指土地承包经营权人将土地的经营权委托给土地信托服务组织，在一定期限内由受托人以自己的名义管理、使用该土地或者处分土地的使用权，并将因此而获得的收益归属于土地信托契约所指定的收益人（通常就是委托人）或者用于特定目的的一种土地流转行为。其利益流转如图 7—5 所示。

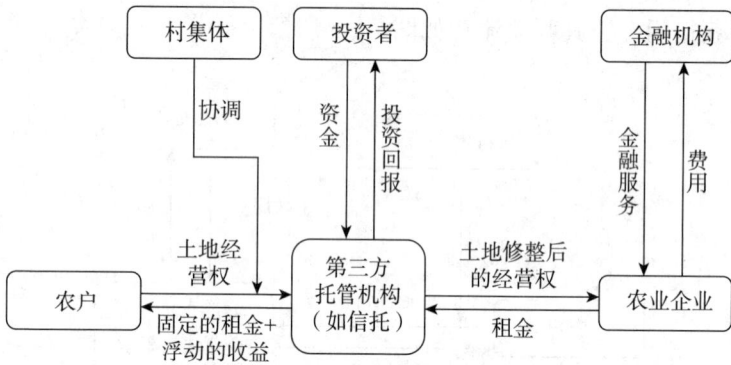

图 7—5　信托模式的利益流转

5. 股份合作模式

股份合作就是土地入股，又称"股田制"或股份合作经营。它是指承包方之间为发展农业经济，由集体经济组织、有经济实力的大户或工商企业发起，在坚持承包户自愿原则的基础上，将承包土地经营权作价入股，组建利益共享、风险共担的股份公司或者土地股份合作社等，从事农业生产经营。其利益流转如图 7—6 所示。

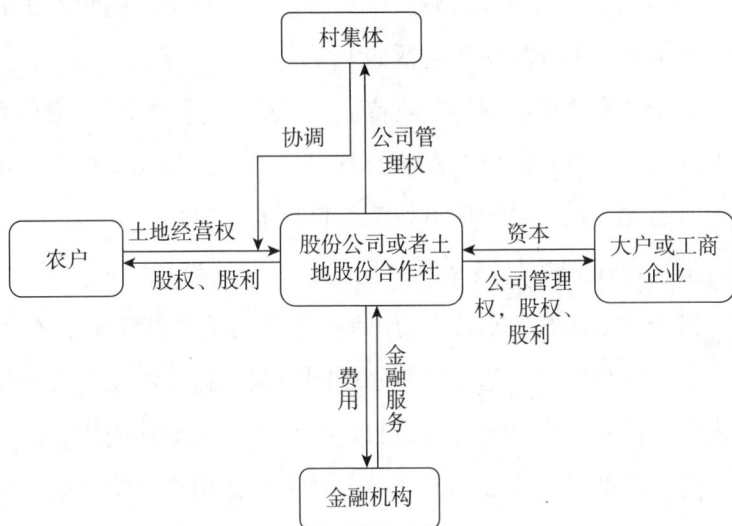

图 7—6　股份合作模式的利益流转

土地流转收益分配中存在的问题

我国土地流转市场刚刚起步，尽管土地流转创造了价值，实现了土地更高效率的应用，但同时也因利益分配问题带来了冲突。其最重要的内生原因主要在于以下方面：

产权不清晰

我国土地产权不清的现状一直是流转的障碍之一。市场交易要求各方产权界定清晰、地位平等、交易有价有偿，而农业用地缺乏明确的产权归属，土地产权既具有集体产权的特征，又具有私有产权的特征，在参与市场交易中表现出产权的模糊性。集体产权使得土地无法由某个人决定土地的转让，而农户却可以支配部分产权，权利范围与农民意愿形成矛盾。土地产权的弊端主要包括如下方面：

首先，土地集体所有制的本质特征之一是"内公外私"，对外具有排他性，对内公平。对外排他性意味着排斥集体以外的人或组织对集体所有土地的占有和使用，集体所有成为社区所有。不论是农地还是建设用地，获得最初使用权的只能是本社区的成员，或者说，在多数情况下，农户及乡镇企业只能获得本社区的土地，很少可能得到其他社区的土地。在此基础上，最初使用权的转让范围受到限制，这在农地上表现得最明显。对内公平即每个成员拥有成员权，公平分配土地使用权。公平保证了社会稳定，降低了经济改革的风险，其负面作用也是明显的：一是集体内部成员身份的界定成为十分重要的问题，成员之间产权难以界定；二是依据成员数量变化调整农地造成农地承包权不稳定；三是产权刺激了对宅基地等非农建设用地的需求。

其次，产权主体模糊。法律规定的集体所有者既可能是乡镇政府，又可能是村民委员会、村民小组或自然村，所有权主体不明确，多元化主体之间具有层级结构，这为土地保护和利用的责、权、利不对等，行政干预土地流转留下了空间。

再次，产权残缺。产权权利束中缺少一些与社会经济发展相适应的权利或其行使受到限制。集体土地制度因国有土地制度的歧视而缺乏处置权，集体土地所有制最缺乏的是土地的处分权，集体土地的转让受到国家的严格限制，即政府在征地过程中过度干预甚至参与就是最有力的例证。建设用地产权中缺乏发展权。一些权利的行使受到限制，如承包经营权期限受到政策限制或政府部门的干预。集体土地产权残缺造成产权转让过程中交易成本高，收益分配混乱，阻碍着土地流转。

另外，在土地流转过程中，尤其需要注意的是承包经营权的模糊。承包权的性质是物权还是债权在理论上有争议，在法律上尚未确定。承包权在现实中更多体现为债权，正是现实中的债权属性导致承包权不稳定，在理论上越来越多的人主张应赋予承包权以物权。承包权不稳定既表现为土地随着人口的变化而不断地调整，原有的地块和原有数量土地在调整过程中可能变动，也表现为农户的承包权可能被乡村政府收回。不稳定的承包权具有促进内部公平的积极作用，其负面作用是损害农民对土地的长期投资，另一方面，对土地流转形成负激励。因为承包权获得依据的是成员权，获得承包权的成本于个人而言并不高，但当农民预期因退包或转租使得承包权可能被收回、重新获得承包权的成本太高，农民就会以兼业、粗放经营甚至弃耕方式保护承包权以保护自身利益，而不是将承包权转让或租赁。[①]

因此，不健全的土地制度使得土地无法按照市场规则运转，土地的转让、处置、抵押等权利不完善，主体不明晰，土地流转缺乏合法性依据。

农民缺乏信任与契约意识

在我国农村，人与人之间通过熟悉度逐渐形成信任，对于亲缘、地缘等关系是村民最熟悉、最信赖的信任关系，主要由声誉、感情、习俗等非正式制度维持，农民愿意参与高信任度的交易，并产生稳定的交易

---

① 参见商春荣、王冰：《农村集体土地产权制度与土地流转》，载《华南农业大学学报（社会科学版）》，2004（2）。

预期。在这样的交易中，很少有农民愿意为违约付出道德、人情的代价。我国一部分土地流转就是基于这样的信任关系建立起来的农民之间的契约，这样的土地流转呈现明显的特征：第一，交易对象以亲戚、邻居为主；第二，达成合约的形式以口头协议为主；第三，维护交易的亲情、道德机制具有很强的约束力。但这类土地流转仅限于亲友村民之间的相互帮助，流转后的耕作并没有提高生产力或使用高科技。

当交易对象对农民而言熟悉度低时，农民表现出极大的不信任。农民对社会契约的参与度不够，在政治中具有较低的话语权，这使得农民先入为主地认为自己受到其他利益群体等的侵害，将企业等土地流转机构看做对立方，面对它们时有一种担心利益受侵、竭力保护自我的心态。这种心理上的自我保护和高度不信任使得农民在参与交易时形成了对自我责任的逃避，表现为认为违约是一种自我保护，不用承担道德责任。因此，农民与企业建立契约关系时，并不认为自己有持续履行合同的责任，而是看做对自己利益维护的手段。在土地流转中，当对方支付给自己的回报不能达到预期的要求时，农民随时可能发生违约行为拒绝转让土地或要求支付比合同多的价款。当违约行为发生时，当地政府通常采取维稳的态度迁就农民，使得农民违约既不受法律惩罚又不受道德谴责。

农民在土地流转中处于弱势地位，契约精神的缺乏为农民维护自身利益提供了一种途径。然而以这种方式参与土地流转却扰乱了流转市场秩序，使企业正常经营受损，更无法满足农民对于利益的要求，形成恶性循环，并容易引发冲突。政府消极维稳，而不是采取积极疏导、事先保护农民利益的态度，纵容了农民契约精神的缺失，不利于良好市场秩序的形成。

第三方中介机构不完善

土地市场不完善的表现之一是中介机构的缺乏。在土地流转中，中介机构在为交易多方提供信息、组织农民土地流转、缓解冲突方面具有积极作用。我国个别地区已经形成了一定规模的"土地信托服务站"、"土地承包流转服务中心"、"土地银行"，如浙江、江苏、黑龙江、广东、吉林等地，但就数量而言不能满足土地流转的需要，尤其是中西部地区，土地流转中介机构更不完善。① 从职能上来讲，已有的中介组织功能存在缺失，不能完全承担土地流转本身对它的要求，一般只是收集、发布土地流转信息，调节土地流转中出现的纠纷，协助完成土地信托等业务，而在土地测量、估价等职能上没有提供相应服务。从运行过程来看，多数中介机构由村集体、政府主导建立，政府干预有余、市场引入不足，甚至成为个别部门的创收工具，严重影响了中介组织的中立性、公正性。这样的中介机构缺乏专业人才，尤其是金融、法律、农业科技方面的人才，在引导农民参与土地流转方面所起到的作用有限。

农民利益不能得到重视和保障

农民作为土地流转中最弱势的群体，既没有权力，也没有技术、资金、知识的优势，其利益最容易受到忽略和侵犯。对政府而言，利用行政手段之便能够决定整个村落的土地流转情况，甚至将农用地转为非农用地，使得农民无地可种；对企业而言，通过欺瞒、报表粉饰也能截取

---

① 参见沈映春、周晓芳：《关于我国农村土地流转的中介机构研究》，载《当代经济管理》，2009(8)。

与之合作的农民股东的利益，争取更多自身收益。此外企业还可通过信息造假、幕后交易等多种手段抢夺农民利益，而农民法律意识、维权意识的缺乏也纵容了其他各方对农民的侵权行为。

对农民利益的忽视是土地流转中最不安全的因素。农民是土地的主人，是土地流转中最重要的角色。当外来机构肆意瓜分利益蛋糕、不考虑农民的利益时，土地流转不具有可持续性，失地农民将成为不安定因素，无论对于土地流转市场的发展，还是对于社会的稳定都将产生不利影响。

土地流转收益合理分配的保障

在解决上述问题时，谁来保障土地流转收益的合理分配？世界各国都有一些做法，也许能给我国的土地流转收益的分配提供借鉴。但是，首先要明确的是，各个国家的运行模式是不同的，政府治理的理论基础与习惯不同，环境也有相当大的差异。可借鉴性有多大，还要认真思考才行。

纵观土地改革的发展历史，每个国家的土地制度都是不同的，也没有任何一个国家的土地制度是一成不变的。完善的土地制度不可能一蹴而就，需要结合本国的历史沿革、经济现状和人文地理等诸多方面，在不断摸索中修正、完善、适应，而这个过程可能需要数十年甚至上百年。

其他国家和地区的成功并不能代表中国必须照葫芦画瓢，其中的失败也并非没有研究和思考的价值。其他国家和地区的成功模式并不能简单地在中国复制，而有些国家和地区的失败案例也许恰恰能给起步阶段的中国土地改革一个警示，不管怎样，中国的土地改革任重而道远。

美国：耕地保护、完备征地流程、准完全竞争

为了保护农地，美国联邦政府和各州政府尝试了如下基本农业管制的方法。

1. 补偿管制（compensable regulation）

此方法是在土地管制前，先进行估价，定出保证价，防止所有者价值损失。一旦管制实施，如果造成土地市场价降低，按地产价减少数补偿土地所有者。接受的补偿只能依据执行管制时实际被利用的土地减少的地价程度确定，而不是支付市场价与补偿的差额。俄勒冈州已经提出了在重新分区降低地价超过 20％时补偿土地所有者的办法。

2. 开发权转移（TDR）

政府为了保护基本农田，允许土地所有者将一小部分地产卖给州政府，政府通过开发权的转移有效阻止农业用地的开发使用。在农民认可了开发目的的土地地价后，通过 TDR 可以得到等量的地产涨价收益，从而维持了农业用途。

3. 设立土地银行

政府团体或机构充当土地银行，获取完全土地继承权证书，通过两种方式保护农地用途：一是土地银行的征用权；二是土地出售时公众的第一拒绝权。大面积土地公众所有能否与美国传统的土地私有制并存，这个质疑致使美国并没有广泛地采用这种方法来保护农田。

4. 优惠估价（preferential assessment）

优惠估价是以低于开发价的税率征收基本农田税额的方法。此方法的出台背景是在面临城市扩张的地区继续保持耕作的土地，有可能以很高的价格被收购用于开发。1957 年，马里兰州实施了第一部允许农用地

差异估价享受优惠的法律。从那时起,另有 45 个州依法对农用地实施了一些优惠估价项目。到 1979 年,只有堪萨斯州、亚拉巴马州、密西西比州和佐治亚州没有通过类似法律,其中堪萨斯州正在酝酿过程中。[①]

在土地征收方面,美国拥有独特的、完善的法律体系。在美国,每一项具体的征地行为都必须得到立法机关的授权。一般需要经过如图 7—7 所示的几个阶段。

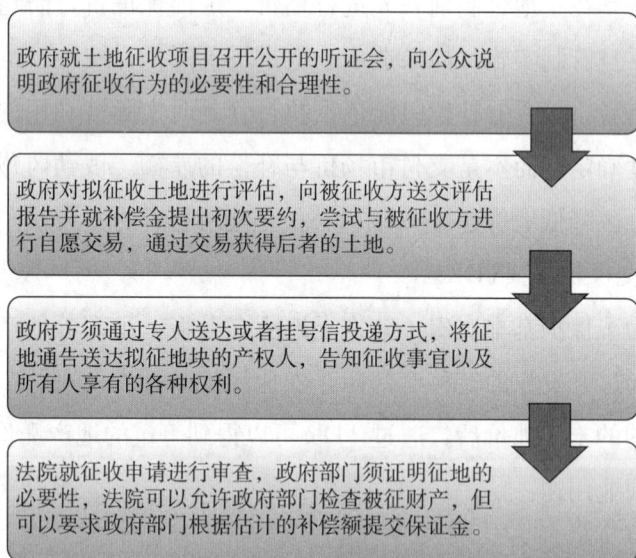

政府就土地征收项目召开公开的听证会,向公众说明政府征收行为的必要性和合理性。

政府对拟征收土地进行评估,向被征收方送交评估报告并就补偿金提出初次要约,尝试与被征收方进行自愿交易,通过交易获得后者的土地。

政府方须通过专人送达或者挂号信投递方式,将征地通告送达拟征地块的产权人,告知征收事宜以及所有人享有的各种权利。

法院就征收申请进行审查,政府部门须证明征地的必要性,法院可以允许政府部门检查被征财产,但可以要求政府部门根据估计的补偿额提交保证金。

图 7—7　美国土地征收流程

政府首先就土地征收项目召开公开的听证会(public hearing),向公众说明政府征收行为的必要性和合理性。拟被征收方及相关利害关系人有权对项目表示异议。

其后,政府对拟征收土地进行评估,向被征收方送交评估报告并就

---

① 参见秦明周、Richard H. Jackson:《美国的土地利用与管制》,16～17 页,北京,科学出版社,2004。

补偿金提出初次要约（offer），尝试与被征收方进行自愿交易，通过交易获得后者的土地。对方可以提出反要约（counter offer）。在交易不成的情况下，政府部门必须启动司法程序，向法院提出申请并提交征地陈述状。该陈述状必须包含拟征地的政府机构和征地的公共使用目的、对拟征地块的充分描述、拟征地块上的各项权益、对拟征地块的利用计划、政府评估的征地补偿总额等方面的内容。

在法院裁决前，政府方须通过专人送达或者挂号信投递方式，将征地通告送达拟征地块的产权人，告知征收事宜以及所有人享有的各种权利。若产权人不在美国境内居住或地址不详，政府部门须在当地报纸上每周一次、连续三周刊登征地公告。在接到通告的 20 天之内，产权人应向政府部门做出答复；如对征地存有异议，应在答复中提出，否则将被视为同意征地并同意法院进行听证及确定补偿价格。

接下来，法院就征收申请进行审查。在法庭上，政府部门须证明征地的必要性。法院可以允许政府部门检查被征财产，但可以要求政府部门根据估计的补偿额提交保证金。双方若无法就补偿额达成一致，则分别聘请独立资产评估公司提出评估报告，在法庭当庭交换，并为和解做最后的协商；若仍无法达成一致，则由陪审团裁定补偿额，并由政府方在 30 天之内支付完毕。在征收被法院批准之时，政府部门须支付法院认可的补偿金，若在其后的一定时间内支付，则要加付自征收开始后的利息。若不满意法院做出的判决，被征收方可以上诉。未经事先补偿，宪法禁止征收，除非财产所有人有把握可以得到补偿而不被无理拖延。

总的来说，美国并无一整套齐备的关于土地征收的成文法规定，仅在宪法中做了简洁明了的原则性规定，但其判例法的特质令土地征收的全过程井然有序，公共利益的范围清晰可辨，有很强的可预测性，且途径通畅，效果显著，既有效保护了被征收人的合法利益，又有效保护了耕地资源。①

美国农地市场是在完全的市场经济条件下形成的，政府通过经济手段和法制手段管理农地流转，农地市场是一种"准完全竞争性"市场。法律保护农地所有权不受侵犯，允许私人土地买卖和出租，政府一般不予干涉。在出售土地时，买卖双方根据当时农地的市场价值评估买卖价格，达成买卖协议，既可由买卖双方自己协商，也可聘请私人估价公司，然后双方共同到县政府办理变更登记手续，以实现土地产权的转移，完成交易。② 如图7—8所示。

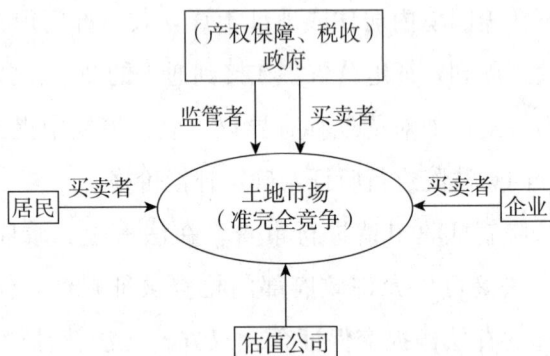

图7—8　美国土地市场机制图

法国：有目的地干预，中介执行政府调控职能

法国政府的农业政策直接影响法国农业的发展，从1947—1953年的第一个经济发展计划开始，国家就确定了农业政策的目标：发展农业生产，满足国内需求，增加农产品出口，降低农业生产成本和产品销售价格，提高人民生活水平。法国的农业政策主要包括以下几方面。

---

① 参见章彦英：《土地征收救济机制研究——以美国为参照系》，北京，法律出版社，2011。
② 参见吴春宝：《国外监管农地流转市场的模式及启示》，载《中国土地》，2009（2）。

1. 实行以补贴为中心的政策，增加农业投入

法国之所以能成为世界上主要的农产品出口国，政府的农业政策起了决定性的作用。政府通过农业金融制度促进农业发展。长期以来，政府向新的农业经营单位和年轻农民提供贴息贷款，实行优惠的税收政策，并建立了农民社会保障体制，鼓励农民安心务农。优惠贷款主要用于防止各种自然灾害、进行农场结构调整、实现农场现代化、进行土地整治等。

2. 对山区等不发达地区采取特殊政策，促进农村平衡发展

法国政府十分重视山区等不发达地区的农村发展，成立了山区发展委员会和海外省农业经济开发办公室，采取多种措施给予扶持。在农业补贴政策中专门制定了对不发达地区的优惠条件。一是更为宽松的补贴条件；二是更多的补贴金额；三是更高的补贴比例；四是更广的补贴范围。考虑到山区自然条件差，农作物产量仅为平原的 68%，法国政府提高了对山区农业的补贴比例。据统计，山区农场年经营收入的 73% 来自农业补贴，平原农场则为 50%。

3. 实施土地集中政策，扩大农业生产经营规模

法国的法律规定了土地"不可分割"的原则，即农场主的土地不得由一个以上的子女继承。近 20 多年来，法国采取了一系列加速土地集中、扩大农场经营规模的措施。国家建立了"土地整治及乡村建设公司"，通过贷款从私人手中购买土地，经过整治，以较低的价格卖给农民，特别是卖给拥有中等规模农场的农民。法国政府支持中农政策的目的是促使生产力低下的小农离开农业，提高农业生产率，同时防止两极分化。国家通过对地产市场的直接干预，控制了土地的收购和转卖，改善了农场结构，优先安置了达到中等规模的青年农民。法国政府还通过调整土地政策来控制农用土地价格，发放脱离农业的终身补贴，以鼓励

老年农场主放弃耕作。

在此需要格外强调法国的特殊土地管理机构——土地整治及乡村建设公司。土地整治及乡村建设公司属私营股份有限公司，由农业职业性组织和全国农业经营结构调整中心建立。这些公司受政府严密控制。它们的任务是购买土地或农场，以（或不以）合并、交换或整治工程的方法，转卖给农民，在 5 年以内将这些土地重新出卖。公司的行动可以在改良小块土地质量的同时，扩大已有的农场；或者建立足够面积的新农场。土地整治及乡村建设公司还可以帮助建立农业土地联合公司或森林联合公司，参加土地分期整治行动计划的实施。最后，为了调整农场的结构，土地整治及乡村建设公司可以参与有利于国家的整治工程（修建高速公路、机场等）。

法国现有 31 个土地整治及乡村建设公司。这些公司在购买土地时拥有优先购买权。土地和农场随后转卖给购地申请人。土地整治及乡村建设公司董事会审查申请人资格，根据土地政策的标准、年龄、受教育程度、财政能力（本身资金，贷款可能性）选定接受转卖的人。土地市场的规模越小，土地整治及乡村建设公司对整个土地市场的干预作用越是相应地强化。1982 年，土地整治及乡村建设公司购买了 83 万公顷土地，并转卖了 8.8 万公顷土地，占全部市场出售土地的 18.6%，而 1962—1974 年期间，其交易面积仅占据了 10% 的土地市场份额。在 1983 年转卖的 8.78 万公顷土地中，有 50% 的面积用于扩大农场（其中有三分之一属于 35 岁以下的经营者），34% 的面积用于农业设施（建立在平均为 20 公顷的农场上），16% 的面积用于维持土地承租者的原有经营规模，或重新安置农民（土地被征用者等）。[①] 如图 7—9 所示。

---

① 参见江秋明：《法国四十年的土地政策》，北京，农业出版社，1991。

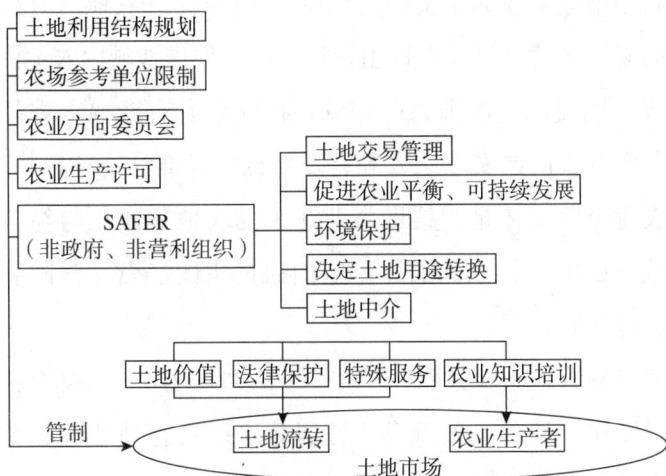

图 7—9　法国土地市场机制图

韩国：土地价格、用途、交易多方干预

韩国政府积极监管和干预土地市场，近代历史上的主要管理措施包括农地利用计划、农地利用增进事业和土地交易管理制度。

农地利用计划是有关农地综合利用的计划，目的在于根据不同的市、省制定适合该地区的农地利用计划，提高农地利用效率。它首先把农地划分为农业振兴地域和农业非振兴地域，根据不同的地域制定不同的农地利用计划，其中根据农地的地形、水利、经营条件，把农地详细划分为不同用途的农地，再制定不同农地的利用计划。同时为有效利用农地并改善农业经营效果，还要制定扩大经营规模计划、农地非农化计划等。为扩大农业经营规模，韩国政府在农业振兴地域内完全废除了农地所有的上限。因为该地域内的农地只允许从事农业，而且农业的基础设施很好，可以通过规模经营提高农产品的竞争力。

农地利用增进事业的主要内容包括：（1）促进农地所有权的转移，实现农地的规模经营；设立农地租赁权。（2）促进地域内农地的集团化、长期租赁与长期使用；促进委托经营，在农地所有者要求委托经营时，向有能力务农的农民或农业法人等有委托意向者推荐。（3）培养农业经营主体。农业经营主体是为援助农业法人的农地集团化与经营规模化，在特定区域内由农民构成的团体，他们通过集团经营，共同利用农地，不断改善农业经营条件。

在土地交易管理制度方面，在 1960 年以前采用土地自由买卖制度，但由于通货膨胀，地价指数飙升，韩国政府提出管理地价的综合对策，包括土地交易许可制和申报制、公示地价制度、买卖实名制度。其中公示地价制度是指，选定标准地进行地价评定，定期公布，作为土地交易的指标和土地收购补偿的计算标准，并在土地交易申报时作为判断适当地价的标准和依据。

日本：严格控制土地流转

日本在保护农地方面也有独到之处。第二次世界大战后，日本进行了农地改革，在规定耕地的最高占有面积的同时，由政府赎买地主和自耕农多余的土地，转让给原耕种佃农，严格限制土地流动，基本实现了"耕者有其田"。

20 世纪 60 年代，日本经济进入高速增长时期，农村人口大量涌入城市，城市住宅地供不应求。日本政府于 1969 年制定了《国土利用计划法》来抑制土地的投机买卖。该法规定，当某地区土地投机买卖盛行，土地价格猛涨时，政府可宣布该地区为限制地区，任何土地买卖都必须得到政府批准，以此保护农地不被非法占有。同时，政府还在鼓励进入城市的农民兼营农业的同时，禁止农用地挪作他用。正是这些农地保护措施，使日本的农业实现了稳定发展和良性循环。

日本实行土地自由交易制度，土地交易十分发达，参与者众多，通过比较严格的行政手段保障市场运行，同时由于农地交易管理以土地的科学估价为基础，且管理目标明确、管理范围比较宽泛，对抑制土地价格上涨起到了积极作用。具体由以下四部分构成：一是农地交易许可制，直接控制地价水平、调节土地利用方向；二是农地交易申报制，目的是控制影响农地市场价格波动的大规模土地交易；三是农地交易监视区制，作为对农地交易申报制的重要补充，主要用于控制规模较小的土地交易活动；四是空闲地制度，目的是防止投机性囤积土地，提高农地利用程度。同时建立促进土地流转的民间中介组织，政府对中介组织进行培养和扶持。[①] 如图 7—10 所示。

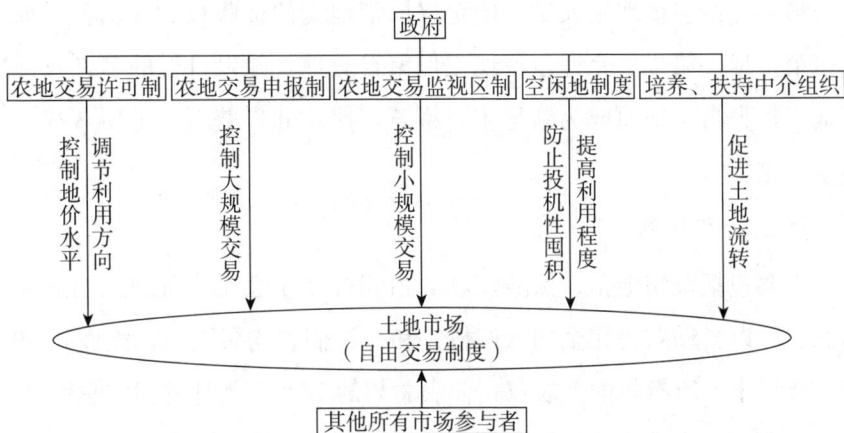

图 7—10　日本土地市场机制图

①　参见邹彦敏：《美日现代农地制度的比较与借鉴》，载《东北亚论坛》，2004，13（4）。

印度：简化产权，干预土地经营和流转

1947 年 8 月印巴分治后，印度国大党开始进行土地改革。主要内容包括：废除中间人地权制度；进行租佃制改革；实行土地所有最高限额；建立农业生产合作社；在农村中建立新的行政机构来管理乡村事务。

1. 废除中间人地权制度

在英国统治时期，印度的农耕地实行层层转租土地制度。参与者可分为四个主要阶层：第一是包税地主；第二是地位比包税地主低、要向他们缴租的缴租地主；第三是从包税地主或缴租地主那里租地，取得永佃权的永佃户；第四是从上述三个阶层中任何一个阶层租地的佃农。无论哪一个阶层都没有完整的、统一的地权。出台的改革措施包括三个方面。第一，给包税地主大量补偿金以取消他们的征收权和统治权，征用其多余土地。第二，允许包税地主保留自有地，并以自耕的名义收回出租地，扩大自有地而成为新地主。第三，使永佃户获得土地所有权，成为新地主。

2. 进行租佃制改革

主要包括调整地租、保障佃农的租佃权（如已连续耕种土地达 6 年的佃农可以自动获得完全的永佃权）和允许佃农购买土地。然而到 1969 年，获得土地所有权的佃农仅达佃农总数的 16%，估计占佃农总数 82% 的佃农和分成农的租佃权得不到保障。因为土改立法的制定者们大多同土地有密切的关系，他们在制定土改立法时故意制造漏洞。比如法律规定，地主富农可以收回出租土地"自耕"，他们利用这一规定纷纷逐佃，收回出租土地"自耕"。这一保障佃农租佃权的土改立法反而使大多数佃农的租佃权更加不稳定。

3. 实行土地所有最高限额

目的在于获得剩余土地，在较贫苦的农民中间进行重新分配。但是，地主们可以用分家析产的办法虚假转移土地，以逃避最高限额。

4. 建立农业生产合作社

早在 1949 年印度土地改革委员会就设想了农村土地的四种经营方式，即家庭农场、联合合作耕种、集团农庄和国营农场。1959 年国大党要求把超过限额的剩余土地归"村会"，由无地农户组成的合作社经营管理。有地农户也可参加合作社，他们中很大部分是为了逃避最高限额而加入。到 60 年代末 70 年代初，印度农业生产合作社的发展呈停滞状态。到 1978 年，农业生产合作社社员不到全国农村人口的万分之六。事实证明，印度国大党及其政府在印度农场建立农业生产合作社的打算和努力，也同实行租佃制改革和土地所有最高限额一样，基本上是失败的。

5. 在农村中建立新的行政机构

过去的包税地主对包税地区由征收权产生统治权，包括行政司法权。1950 年，国大党政府在农村建立新的行政机构（实为基层政权），采用旧有的村会形式。村会具有制定村生产计划和开发村土地的特殊职责，还包括村民的管理、村的开发、土地管理和土地改革。

巴西：政府调节分配失衡的农地

巴西土地主要是私人所有，表现为大庄园主和地主，地主有权自由买卖土地，政府只在特殊情况下才对私人土地买卖进行干预，或进行有偿的征收。只有外国人购买巴西土地和开发利用土地影响到巴西环保生态的情况下才会有土地审批情况出现。其他的土地交易和流转，大都靠市场运行，自由买卖。

1964 年巴西政府被迫颁布《土地法》，建立全国土改和垦殖委员会，负责农村土地的再分配和土地的监督管理。全国土改和垦殖委员会隶属国家土地改革和开发部，在全国各州、地区均设有分支机构。根据《土地法》的规定，全国土改和垦殖委员会主要负责土地改革、土地的征收和再分配，即根据全国土地改革计划行使其职能，同时也负责与土地改革有关的土地注册登记、核查、土地的征收、赔偿、土地再分配及有关人员的培训等工作。

由于巴西人口集中分布在城市，所以巴西的大部分农场用地都具有较大规模。土地分配的过分集中是巴西农村贫困的主要根源之一，因此解决农村地区贫困和社会分配两极化的根本出路在于实施有效的土地改革。巴西的土地改革主要由巴西联邦土地改革局负责。土地改革主要遵循两大政策路线：一是将大农庄土地收归国有并转分配给无地农民；二是对家庭式小农提供技术与经济援助。改善农村地区的所得财富和权力重新分配，既可提升农民收入和农业生产水平，亦可部分解决严重失业问题。不少研究报告均已证实，土地改革乃是创造就业机会的最经济有效的策略，同时可连带解决饥饿问题。

巴西主要通过司法途径解决征地等土地纠纷。具体来说，如果政府出于公益目的需要占用某个地块，是可以向土地所有者进行征用的。如果土地所用者不同意，产生了"钉子户"，则由法院来判定政府是否可以征用。如果法院认定政府的确是出于公益目的，如修建学校、医院等公共设施，那么就必须征用。征地的价格由政府和土地所有者谈判，若不能达成协议，则由独立的第三方评估机构来确定出让价格。无地农民与大庄园主之间的大量土地权属纠纷很多，也主要由法院裁决。①

---

① 参见王威：《巴西国土资源管理概况》，见中国国土资源部网，2009 - 12 - 11。

中国台湾：支持扩大规模

为解决台湾人口急剧膨胀的压力，1949 年，台湾开始第一次土地改革。这一时期土地产权流转政策有以下特点：（1）土地产权流转的方向是佃农、自耕农，旨在建立土地农民私有制，极大地鼓励佃农、自耕农对土地的投入，提高粮食产量；（2）自耕农购买的土地产权受政府相关规定限制，不得随意转让和出租，自耕农的土地产权不完整，转让权受到限制。

由于第一次土改侧重于将土地使用权、收益权分配给占农村人口多数的佃农、自耕农，导致耕地生产规模非常零碎。在佃农承租地主土地的租约关系中，为保护佃农的利益，严格限制地主回收承租地，而耕地租佃制度的僵化则阻碍了农场经营规模的扩大。此外，随着台湾工业化和城市化进程的加速，耕地面积总量锐减，从事农业的人员平均耕地也在减少。由于上述因素，台湾于 1979 年开始实施第二次土地改革，并于 1982 年颁布了"第二阶段农地改革方案"。该方案包括五项重要措施：（1）提供扩大农场规模的购地贷款。（2）推行共同、委托及合作经营。（3）加速办理农地重划。（4）加速推行农业机械化。（5）配合修订有关法令，推行农业区域发展计划，继续实施加强基层建设、提高农民所得方案。从 2009 年起，第三次土地改革重点提出了休耕农地活化政策和"小地主大佃农"政策。休耕农地活化政策，是对进行休耕的农地进行承租、再耕作，并对符合一定条件且参与出租农地和承租农地的农户给予一定的奖励，以解决农业劳动力老化、规模经营小等农业发展的困境。"小地主大佃农"政策，系指政府辅导无力耕种的老农或无意耕作的农民，将自有土地长期出租给有意愿扩大农场经营规模的农业经营者，促进农业劳动力结构年轻化，并使老农安心享受离农或退休生活。①

上述各国或地区的土地流转实践至少揭示出如下一些中国需要不断加强的方面：

第一，完善法律体系，为土地流转提供制度保障。牢固树立物权观念，强化农民集体土地所有权，建立保障农民集体土地所有权的长效机制。忽视农民对于集体土地的终极所有权是当前我国农民土地问题最危险的倾向，也是农民土地权益长期得不到有效保障的根本性原因。因此，从制度和体制上确立农民的集体土地所有权，是建立农民土地权益长效保障机制的首要前提。以股份合作制形式把集体土地的所有权明晰到社区全体成员，从体制上理顺集体经济组织与农民的土地财产关系，这是保护农民正当土地权益的必由之路。

第二，加强农村剩余劳动力合理转移，为土地流转提供需求保障。土地承包经营权流转的前提条件之一是农村劳动力的转移，如果农村劳动力没有实现有效转移而片面地强调土地承包经营权的流转，会使部分农民因失去土地而生存陷入困境，最容易引发农村社会的不稳定。因此，应把促进土地承包经营权流转的重点放在加速农村剩余劳动力的转移上，人的流转是土地流转的前提和基础。把富余的劳动力从有限的土地上解放出来，进而把土地从零散的经营中解放出来，实现规模发展，集中经营。可以依据地方产业优势，大力兴办地方特色工业和农副产品加工业，发展农村非农产业，实现农村富余劳动力的就地转移，减少农民对土地的依赖性，农民还可以以土地入股给经营大户和合作组织，同时又可以给它们打工获取劳动报酬，增加经济收入，这样，经营大户和合作组织因为农民土地入股而增大了土地规模从而获得了一定的经济效益，而农

---

① 参见范维维：《台湾土地产权流转制度研究》，载《湖南大学学报》，2011（4）。

民从土地流转中获得了双份收益，从而保障了农民的经济利益。

第三，完善农民的社保体系，为农民提供利益保障。在我国农村，土地除了作为最基本的生产要素发挥效用外，还具有社会保障功能。在土地的这种功能还没有合适的可替代品之前，农民宁可撂荒弃耕，也不愿意放弃农地承包权，这就造成有人无田可种与有田无人愿种并存的不正常现象，严重制约着土地规模经营和农业经济效率。但是，在农村社会保障问题上，土地保障只是我国农村社会保障制度建立过程中的一个过渡形式，土地不应承担起农民的全部社会保障功能。因此，政府管理要到位，要承担起提供惠及全民的社会保障体系的职责；要建立起从最低生活保障到农村医疗，从五保户到农村社会养老，即覆盖全体农民的农村社会保障体系，使农民与市民一样平等地拥有权利和享受社会经济发展的成果。

第四，发展中介服务市场，为土地流转提供市场保障。建立土地流转中介服务组织，实行土地流转委托管理，是优化土地资源配置、充分发挥土地的资源优势、实现土地有序流转的有效途径。可以以乡镇为单位成立土地托管中心、土地代管站等机构，其职能主要是介绍流转对象，帮助审查承接方资格，提供有关业务咨询，确立土地流转指导价格，办理交割、登记等相关手续。中介组织要建立农村土地流转交易信息网络，及时登记汇集可流转土地的数量、区位、价格等信息资料，定期公开对外发布可开发土地资源的信息，接受土地供求双方的咨询，提高土地流转交易的成功率。在双方协商一致的前提下，中介组织帮助办理流转手续，同时为承租者提供信贷、技术和物资等服务。妥善处理土地经营过程中发生的矛盾和问题，切实维护土地所有者、承包者、经营者三方的合法权益，促进当地农村土地高效、公开、公平、快速流转，从而使土地流转与农业结构调整实现双赢。

　　在土地流转过程中，涉及农户、村集体、地方政府、其他服务方、金融机构、企业等各个利益相关方。土地流转的效益与效率是这个网络各方博弈的结果，需要有一个角色为这个网络的运转制定规则。这个角色应该是政府。而制定的规则要简单，围绕公平和效率展开，虽然公平与效率从来都是一对矛盾，但是至少要保证流转过程的公平。中国目前的土地使用状况还存在着巨大的帕累托改进空间。很重要的是，要确保土地流转利益分配的实现，以及利益分配的可持续性。核心是如何增加收益，把蛋糕做大，提高土地流转的效率与效益，即帕累托边界的延伸。

第四部分　让农民成为股东

　　真正希望过"很宽阔、很美好的生活"，就创造它吧，和那些正在英勇地建立前所未有的、宏伟的事业的人携手工作吧。在生活中，堆积了许多美好的、实际的工作，这些工作会使我们的土地富饶，会把人从偏颇、成见和迷信的可耻的俘虏中解放出来。

我们希望农民成为土地流转收益分配中的长期受益者，而不仅仅享受短期利益的分配。土地流转的各利益相关方都需要明确，一个均衡、可持续的分配方案才是符合所有人利益的，我们需要将所有人都放到同一条船上去，才能同舟共济。即使目前土地流转的各利益相关方似乎并没有对此达成较好的一致认识，但是我们认为，这是未来长远发展，以及土地流转可持续发展的趋势和基础。

所谓农民股东，相对于现实而言，更倾向于是我们的一种理想表述，体现了我们想让长期以来这个一直处于弱势的群体，能够保有长期受益可能的美好愿望。我们讲让农民离开土地，但并非要让他们离开土地所带来的收益，而是要拥有更多的财产权利。未来的农民可以有两种身份：一种是通过土地的经营权入股（通过土地确权，将经营权下放到每一个人），作为公司的股东，分享公司收益（是以普通股、优先股，还是可转换股的方式进入，有待进一步商讨）；另一种，如果农民愿意，还可以作为公司的员工参与公司的经营管理。即使让农民成为股东存在诸多的问题，例如由于农民自身素质较低，可能更注重短期利益等等，我们也必须认识到，如果农民真的完全离开了土地，对我们的国家和社会而言，其压力将是无比巨大的，那个时候恐怕拥有改革的勇气是远远不够的。这也是我们不希望土地流转走得太快的一部分原因。

第 8 章
土地使用权与股份

　　土地流转的本质是土地交易市场的建立与完善,一方面承认了土地的资源属性,另一方面承认了土地的权利属性。土地流转与市场存在的前提都是土地权利的明晰,而中国的土地权属恰恰是在明晰与不明晰之间,给土地流转的现实提供了诸多的不确定性。

　　所有权、承包权、经营权"三权分离"的新型农地制度为土地股份制提供了条件,而农民是土地流转各利益相关方中博弈能力最弱的群体,因为他们的教育水平、资金能力以及社会网络关系都是最弱的。甚至在不同的土地流转模式下,农民的地位都有所不同。离开土地的农民需要一个过渡期,一方面是需要掌握新技能的时间,另一方面是需要代际的人才培养时间。

　　因此,土地流转过程中保持农民长期享有土地流转收益的权利是中国土地流转变革成功的关键要素。而在适度规模企业中拥有股份，恰恰意味着农民可以对土地增值收益拥有长期的收益分享权利。中国广大农民拥有的只是土地承包经营权，或者我们称之为使用权，因此用土地使用权换取股权可以使中国农民成为股东。

农民在不同收益模式下的地位

按农民在利益获取中身份的不同，可以把各种模式分为三类：一是以四川、重庆、安徽等经济欠发达地区为代表的私人流转模式，存在典型的单层委托代理关系，农户是农村土地流转的主体；二是以湖南、山东等中等发达地区为代表的政府主导模式，存在典型的双层委托代理关系，村集体经济组织是农村土地流转的主体；三是以上海、广东、北京、浙江等发达地区为代表的市场导向模式，存在典型的循环代理模式，市场中介是农村土地流转的主体。流转主体的不同决定了农户在不同收益模式下地位的差异。如表8—1所示。

表 8—1   主要收益模式比较

模式类型	收益模式	农民地位	收益水平	法律保障
互换土地型	协议价格收入	高	低	低
土地出租型	租金	高	低	低
土地入股型	股东分红	中	高	中
宅基住房型	城市住房及社保	低	高	高
股份合作型	土地保底和按效益分红	中	高	中

私人流转模式

自 20 世纪 80 年代开始，在重庆、四川的农民个人之间开始的私自的土地流转，属于典型的单层委托代理关系。土地流转双方没有签订正规的书面合同，也不存在委托人和代理人的利益纠纷，属于一种以家庭血缘关系或者地理位置相邻而形成的地缘关系为连结的模式。如图 8—1 所示。

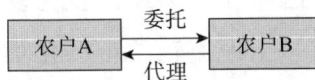

图 8—1　私人流转模式中农民所处地位

此类模式中，农民属于土地流转中的唯一主体，享有收益方式和收益价格的决定权。对于农民而言，私人流转模式中农民所处的地位相对较高，但由于该类模式中多以血缘关系形成契约为主，法律保护较弱，且未能实现规模生产，收益水平相对较低。

政府主导模式

政府部门在征求农民意见、取得农民同意的基础上，将农民土地承包经营权进行流转，采取土地政府征用、"反租倒包"等形式为主。政府在制度框架内双方平等交易，有效降低个人代理成本，进而提高土地流转绩效。如图 8—2 所示。

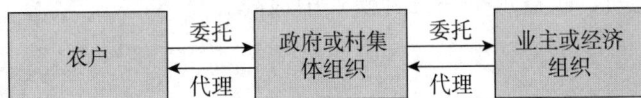

图 8—2　政府主导模式中农民所处地位

此类模式中，农民属于双层委托代理关系的单边主体，不享有收益方式和收益价格的决定权。对于农民而言，农民在政府主导模式中的地位相对较低，一旦将土地流转出去，未到规定期限很难将土地收回，但因为政府的介入，法律保障相对较高，且收益水平不低。

市场主导模式

一般而言，经济发达地区市场经济较为发达，以浙江、上海等地为代表。与此相对应，土地流转的市场化程度相对来说较高，通过土地流转、转让获取更高的土地价值。把土地作为一种稀缺资源进行交换，通常采取租赁经营、"土地银行"土地信托服务及股份合作等代理流转形式。在该模式下，在坚持农村土地集体所有、家庭联产承包责任制不变的前提下，把土地经营权折算为一定的股份，集中农村的农户土地经营使用权，成立"股份公司"。如图8—3所示。

图8—3　市场主导模式中农民所处地位

此类模式中，农民属于双层委托代理关系的双边主体，不享有收益方式和收益价格的决定权。对于农民而言，农民在市场主导模式中的地位一般，但较政府主导模式地位高，法律保障介于私人流转模式与政府主导模式之间，收益水平在三种模式中最高。

土地使用权换股权

　　土地使用权的流转是指拥有土地承包经营权的农户将土地经营权（使用权）转让给其他农户或经济组织的过程，即保留承包权，转让使用权。使用权换股权（入股和股份合作）的模式以价值形态形式把农户的土地承包经营权长期确定下来，产权清晰、利益直接，使得农民既是公司或合作社经营的参与者，也是利益的所有者，是当前农村土地流转机制的新突破。土地入股模式，将农民转化成农业产业链中的工人，使他们既获得因为土地流转而得到的资本收入，同时又获得劳动报酬收入，这是长期、可持续的土地流转收益分配方式。

何谓使用权换股权？

　　党的十七届三中全会通过的《中共中央关于推进农村改革发展若干重大问题的决定》（以下简称《决定》）中，第一部分第二点明确指出：按照依法自愿有偿原则，允许农民以转包、出租、互换、转让、股份合作等形式流转土地承包经营权。近年来，以股权模式进行的土地流转逐渐兴起，并成为土地流转的重要方式。

　　《决定》中所说的"股份合作"就是用农村土地使用权（土地承包经营权）交换股权的合作模式，具体过程是土地承包经营权人之间为提高土地产量、增加农业经济收入，将土地承包经营权作为股权，自愿联合从事农业合作生产经营，其他承包方式的承包方将土地承包经营权量化为股权，进而入股组成股份公司或者合作社等，从事农业生产经营，农民则通过入股成为公司（合作社）股东享受公司（合作社）的分红。①

简言之，土地入股的本质在于农民通过将土地使用权转换为公司股权获得收益。在坚持家庭联产承包责任制基本原则不变的前提下，土地股份合作又分两种情形：一种是自愿组合，若干拥有土地使用权的农户将土地使用权入股，成立股份合作形式的组织；二是农村集体经济组织制定出一套方案，在征求农户意见的基础上，规范地将农户土地使用权折价入股，集中开展多种形式的生产经营活动。

使用权换股权后，农民作为股东将集体土地所有权、经营权和使用权分离，集体拥有土地所有权，土地的实际经营者拥有土地使用权。该模式通过参与各方运用科学的评估方法将确定的土地范围内的一切有价值资产进行量化，将各种机械、技术按照一定的价值标准折合成股价，并设定一定形式的组织机构，对土地实行集约化、规模化的经营，从而创造出更大的经济效益和社会效益。

使用权换股权的基本流程

我国土地承包经营权入股的发展已经相对稳定，其流程可以概括为以下三个步骤，如图8—4所示。

第一步，土地承包经营权股份量化，即对土地进行评估，成立土地评估小组，评估登记入册，为折股量化提供依据，然后根据评估结果进行土地作价。

第二步，股份的设置，主要包含三种形式：第一，以集体经济组

---

① 参见王露：《土地股份合作制的经济效率分析》，载《理论观察》，2007（5）。

织的资产与土地一起折价入股，参与股份合作的利润分配；第二，仅以土地折价入股，参与入股土地产出的利润分红；第三，在开发农业过程中，以一个生产项目为主，吸收土地入股，参与项目产出的利润分配。

第三步，建立经营企业。这种企业具有独立的法律人格，按照现代股份制企业设立股东大会、董事会与监事会，并按照现代企业的形式进行经营和管理。

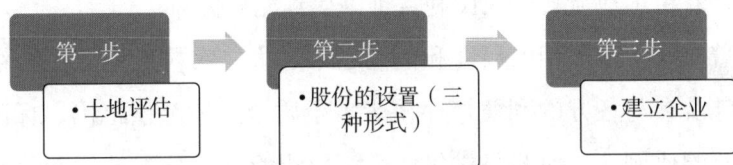

图 8—4　使用权换股权的基本流程

使用权换股权存在的问题

目前，使用权换股权进行土地流转虽然有很多诱人之处，但也面临着很多问题。将使用权换股权模式与其他流转模式所面临的问题加以归纳，可从二者的共性问题和特殊性问题两个方面来阐述使用权换股权模式中存在的问题。

1. 共性问题

（1）农村土地流转形式不规范。

目前我国农村土地承包经营权流转一般发生在村集体经济组织内部及邻村、邻乡，或者在亲戚、朋友之间私下进行流转。在流转过程中大都没有签订书面合同，绝大多数是凭借流转双方的相互信任以口头方式达成协议，即使签订了书面合同也普遍存在流转双方责权利约定不明确、条款不规范等缺陷。

（2）农村土地流转缺乏金融支持。

目前农业现代化、规模化经营的一个最大瓶颈问题就是缺乏金融支持，难以获取产业化过程中所需的流动资金贷款。农业的生产周期长，面临的季节、气候等不确定性风险大，投资回收期长，银行等金融机构一般不愿意或者很少发放该类贷款。单一的农村信用社提供的信贷资源非常有限，且贷款利率高、贷款手续烦琐。

（3）农村土地流转中农民利益难以得到充分保障。

随着农村土地征用的额度和范围越来越大，农村土地征用补偿的分配过程涉及参与各方的利益，存在诸多矛盾。土地补偿范围、标准，补偿金的分配比例，如何监督村集体经济组织管理、分配补偿费等涉及农民切身利益的问题往往面临诸多矛盾。实践中往往是失地农民的权益难以得到保障。

（4）农村土地流转思想观念不强。

由于宣传力度不够，不少群众对土地流转的政策、形式、程序不够了解，农民经济意识不到位，制约了土地流转。

2. 特殊性问题

（1）与现行的土地承包制度存在一定的冲突。

以土地承包经营权入股成立股份制公司，公司股权是可以转让的，而一旦经过股权转让，则非农村集体成员也可能获得土地承包经营权，这与现行的土地承包制度存在一定的冲突。而且《农村土地承包法》和《土地管理法》关于农地农用的管制性规定，在很大程度上阻碍了土地的流转。但如果作为基本生产资料的土地及其折合的股份无法实现自由流转，那么股份制所追求的"效益"目标就无法真正实现，农地入股也就失去了本身的意义。

（2）存在匿名股东权益保护的法律风险。

根据《公司法》第二十四条的规定，有限责任公司由 50 个以下股东出资设立，因此，按照全国人均承包地面积计算，符合《公司法》对于股东人数方面的限制条件而成立的农业公司的经营是有限的，这对于农业规模经营的促进作用也相当有限。在这种情况下，为规避《公司法》第二十四条，使用权入股登记的公司就必须采取股权代理制的方式，即从入股农户中选出入股代表登记为股东，或者通过股权代理人集中农民股权、进行公司登记。这样就出现了有一部分农民的土地承包经营权虽然入了股，却不能进行股东登记注册，成为了"匿名股东"。由于法律明文规定由股东享有公司权益，那么一旦出现纠纷，未进行登记的股东们的权益就会面临不受法律保护的风险。相比较而言，入股成立合作社可以避免此类法律风险。

例如，在重庆模式①下进行的农地入股的实践中，在重庆麒麟村，实际上有 508 户参与"农地入股"的农户，但其中只有 26 位由村民们推选出来的股东代表成为了"宗胜公司"的注册股东，他们代理着全体入股农户的股权。通常依靠着血缘关系和社区信任，注册股东与匿名股东建立起平等关系，其实这种关系是脆弱而不稳定的，一旦出现纠纷就难以继续维系。

（3）存在清偿债务的风险。

以公司为例，农户入股成立股份制公司，虽然说他们只是以承包土地的经营权入股，土地的所有权仍然属于集体，承包权仍然属于农户，但实质上他们的土地承包经营权已经转让了，已经在和公司一同承担风险。如果公司经营不善，按照《公司法》的规定：股份不能退，

---

① 参见杨顺湘：《创造欠发达地区普适价值的农村土地流转新机制》，载《理论月刊》，2007（4）。

只能转让。如果公司倒闭，按照《破产法》的规定，出现其他资产不足以清偿债务的情况时，就必须动用股本金来偿债。这就意味着，作为股东的农民可能永远失去土地承包经营权，成为失地农民。然而，我国农民的土地承包经营权又是受宪法、法律严格保护的，是不能在土地承包经营权上设定其他权益的。根据《最高人民法院关于审理涉及农村土地承包纠纷案件适用法律问题的解释》第十五条的规定，"承包方以其土地承包经营权进行抵押或抵偿债务的，应当认定为无效"。这就表明，如果出现需要用土地承包经营权来清偿债务的情况，债主的债权有可能得不到应有保障。可见，通过使用权换股权而注册登记成立的"公司"，其注册资本中不可避免地包括土地承包经营权这种本身就存在瑕疵的资本，它无法像其他资本那样得到平等的确认。合作社也同样面临此类清偿问题。

（4）存在土地经营权评估作价的困境。

土地承包经营权入股设立公司或合作社，首先面对的就是承包经营权评估作价的问题。在我国，土地承包经营权并没有真正意义上在市场进行流通，因而土地承包经营权的评估、土地承包经营权市场价格的确认既是一个法律上的困境，也是一个技术性的难题。

（5）存在股金和红利收入的制定和发放环节不好掌握的问题。

股金是农户流转土地、加入合作社的最初动力，股金过低，农民不会入股；股金过高，则可能没有盈余或盈余很少，导致分红无法进行。有些农户希望一次性得到经济收益，而一些农户则希望分期取得分红收益。因此，如何处理好农村土地流转中的利益分配问题也是个难题，间接制约着使用权换股权模式的推进。

使用权换股权的经典模式

使用权换股权模式的土地流转最初产生于 20 世纪 80 年代的广东珠江三角洲地区，随后在江苏、浙江等沿海经济发达地区逐渐发展起来。典型模式有如下几种：

1. 上海奉贤模式

农民加入合作社后，每亩入股土地每年固定回报为 400 元、保底分红为 200 元，此外还可根据合作社每年所取得的效益进行利润分配。资料显示，截至 2007 年底，奉贤区已组建 150 家合作社，辐射带动 6 万多户农民，占到了全区农民的 54％。2006 年，合作社的总销售收入达到了 145 亿元，占到农业总产值的三分之一以上。合作社的年终盈利分配程序是：首先弥补亏损（存在承包企业无法按时足额上缴承包费的风险），其次让入股农民提取不低于 10％的公积金，不低于 5％的公益金，不低于 15％的风险基金，40％的股权收益，20％的现金分红。合作社的股权分为现金股和土地股，各占 50％，其中现金股为个人出资，入社农户的每 10 亩土地则折合成一股土地股。合作社实行民主管理，社务公开。承包人在用工上对合作社负责，合作社优先安排社员就近工作。

目前，上海农村土地流转涵盖了土地入股、出租、转包、转让及互换等多种形式。其中，土地入股所占比例最高，占流转总面积的 35.9％；而土地出租的占比紧随其后，占流转总面积的 29.5％。

2. 重庆"股田制公司"模式[①]

2007 年 7 月 1 日，重庆市工商局出台了《关于全面贯彻落实市第三

---

① 参见刘健、郭立、丛峰：《"农地入股"的重庆标本》，载《瞭望》新闻周刊，2007（48）。

次党代会精神服务重庆城乡统筹发展的实施意见》，允许农民以农地承包经营权出资入股设立企业。该意见称，支持当地探索农村土地流转的新模式，在农村土地承包期限内，在不改变土地用途的前提下，允许以农村土地承包经营权出资入股设立农民专业合作社；经区县人民政府批准，在条件成熟的地区开展农村土地承包经营权出资入股设立有限责任公司和独资、合伙等企业的试点工作。这种以工商登记方式将土地权益正式转化为资本的试验开了国内先河，被形象地称为"股田制公司"模式。但随后，基于该项改革与现行土地承包制度相冲突，以及出于对农民失地风险的担忧，"股田制"被中央紧急叫停。

"股田制公司"模式指农民通过土地承包经营权入股和现金出资等方式成立实体性公司，即"农民公司"，农民公司再与龙头企业建立关联机制，从而形成"公司（龙头企业）＋公司（农民公司）"的农业产业化经营组织新形式。虽然"股田制公司"模式在当前的政策下阻力重重，但现在仍有一定借鉴意义。

3. 山东宁阳"股份＋合作"模式

在宁阳"股份＋合作"模式中，农民以承包地的经营权入股成立专业合作社，而专业合作社依托农业龙头企业，实行集约化、规模化、专业化生产，以实现农业增效、农民增收的目的。这一模式可以细分为两种基本模式：第一种是主要适用于种植像一般蔬菜等投资小、见效快的短期作物的"公司＋合作社（基地）＋农户＋集体"模式；第二种是主要适用于投资大、技术含量高、收入高的设施农业的"公司＋合作社（基地）＋大户＋农户＋集体"模式。① 宁阳"股份＋合作"模式可以说是一种四方受益的模式，即农业龙头企业、专业合作社、农户和集体这

---

① 参见臧得顺：《农地流转的"宁阳模式"——宁阳县郑龙有机蔬菜合作社调查》，载《中国农民合作社》，2010（5）。

四方共同分享了土地流转和适度规模经营所获得的好处。

到 2009 年 9 月,全县已建立农村土地流转合作社 102 个,入社农户 1.35 万户,入社土地 3.32 万亩。全县已流转土地 8.87 万亩,占全县耕地面积的 10.1%,对促进农业产业化发展和农民增收起到了示范带动作用。①

---

① 参见张广霞:《山东省宁阳县发展农村土地流转合作社的调查》,载《中国农民合作社》,2010 (5)。

第 *9* 章
土地流转中农民收益的可持续性

　　农民是土地流转各利益相关方中的相对弱势群体，也是人数最多的一个群体，土地流转可能意味着作为土地使用权拥有者的农民将不得不离开土地，而大量农民离开土地对社会和国家无疑是巨大的压力。因此，保证农民的收益是他们支持土地流转的基础。

　　从土地流转的收益增长模式来看，依赖科技的农业利益增长模式是未来农业生产模式的必然选择，也意味着离开土地、转换社会角色、学习新的技能将是农民的最佳选择。

　　但是，随着土地流转，农民的角色转换是需要时间的，所以离开土地的农民不能离开土地流转带来的增量收益分配，农民成为股东是理性的选择。然而，现实中的农民在土地流转过程中却并不倾向于成为农民股东，因为股东利益的保障有太多不确定性，我们还没有完整的制度来保障这些农民股东的收益。

农民成为股东的意愿

农民对土地流转的意愿是一个动态的心理状态，是多个因素综合作用的结果。影响农民土地流转意愿的因素有农户个人的特征，包括年龄、性别、受教育程度等；农户家庭的特征，包括家庭成员数量、家庭成员劳动就业状况、家庭经济收入来源及经济状况等；还涉及农村土地流转地的经济发达状况，包括当地的政策安排和变更；另外还有一个不可忽视的因素即是土地流转的模式，因为不同的土地流转模式对应的农民权益截然不同，直接涉及农民的利益。因此，虽然影响农民进行土地流转的因素有一些是共有的、普遍的，但是在不同的土地流转模式下，农民会做出不同的选择。

影响农户土地流转意愿的因素分析

在分析农户选择何种土地流转模式之前，还存在一些影响农户土地流转意愿的因素，如历史原因、社会原因等。农民对土地有一种执着的情感，土地不仅是他们的食物来源、收入来源，更重要的是土地为他们提供了一种切实的保障，当遇到不测或危机时，农民还有土地作为他们生存的保障。这就形成了强烈的"恋土情结"，导致农民不会轻易地将土地流转出去。

从理论上讲，不论作为土地供给一方还是土地需求一方，农户是否流出或流入土地都可以依据相应的收益和风险进行权衡和抉择。只要预期的收益足够高和预期的风险足够低，农户就有意愿将土地流出或流入。

但是如果预期的收益高，但是相对应的风险也非常高，这时农户就必须在风险回报和风险偏好间做出权衡。

通过对全国 10 个省份 30 个行政村 1 032 户农民进行问卷调查，得到了如表 9—1 的统计结果。

表 9—1　　　　　　　　农民对土地流转意愿的解释（％）[①]

希望家里土地被承包的原因		不希望家里土地被承包的原因		希望承包别人土地的原因	
常年在外打工没人种	37.4	自家人要靠它吃饭	76.4	由自己土地所获粮食不够吃	20.1
种一部分但种不了那么多	18.1	承包人给的钱太少	9.9	土地抛荒可惜	29.0
农业投资太高导致种地亏本	19.3	承包时间短	0.8	能大规模种地划算一些	19.6
别人种地效益高些，划算	15.2	承包人不对土地负责	3.2	有更好的种植项目与技术	10.7
其他	10.0	其他	9.7	其他	20.6
合计（n=420）	100.0	合计（n=495）	100.0	合计（n=214）	100.0

由表 9—1 可见，外出打工是农户愿意进行土地流转的主要原因，占到了 37.4％。事实上，中国农村的现实是大量的劳动力去城镇寻找就业机会，因为在外打工比在家里种地所获的收益多得多，因此留在农村的大多是老人和孩子，这些人的劳动能力较弱。面对大量农地闲置的情形，拥有土地使用权的农户愿意将土地进行流转，这样起码自己还可以得到一个虽然不高但稳定的收入，加上在外打工的收入，足以养活家庭。

而在不同意进行土地流转的农户中，有 76.4％的农户以土地是自己生存之本为由来拒绝土地流转，这从一个侧面反映了土地对于农户的重要性，集中体现在土地的关键功能就在于保障农户的基本生产生活。首先，在传统的农村社会，土地是农民收入的主要来源，即使工业化和城市化打破了这个传统，这也仍旧是广大农户的生活方式。其次，社会保

① 参见乐章：《农民土地流转意愿及解释——基于十省份千户农民调查数据的实证分析》，载《农业经济问题》，2012（2）。

障的缺失使得农户将土地作为社会保障的替代品，虽然这也是一种不健全的保障，但是农户被迫这样进行自我保障，站在他们的角度，这是一种可以理解的理性的抉择。

作为土地需求方的农户，即希望承包别人土地的农户，愿意进行土地流转主要有三个原因，即土地抛荒可惜（29.0%）、由自己土地所获粮食不够吃（20.1%）、能大规模种地划算一些（19.6%）。从这些理由可以发现，农户对土地转入的需求是极其朴素的，主要也是着眼于土地功能，这说明土地功能在影响农户土地流转意愿中发挥了重要的作用。

利用国家统计局湖北调查总队于 2006 年对湖北 9 个县（市）的 40 个村和 200 户农户的实地调查资料，我们可以分析影响农户土地流转意愿的因素。研究发现，家庭经济利益是农民进行土地流转的主要驱动力。对于土地转出的农户而言，其土地流转的原因中居于第一位的是其家庭劳动力能在非农领域找到就业岗位，占到了 49% 的比例。这就说明非农收入对农户土地流转意愿的影响巨大。对于土地转入的农户而言，占第一位的是亲朋好友委托其经营耕地，这占到了 42.3% 的比例。

通过对中部六省农户土地流转意愿影响因素的调查研究发现，总体上中部六省农户的土地流转意愿很低，其中山西农户的流转意愿最高[1]，这是由于获得的工资性收入和经营性收入的风险相对接近，而工资性收入和其他中部省份相比较高；相对应地，江西省的农户土地流转意愿最低，主要是因为获得的工资性收入的波动很大，风险很大，因此农户的不确定性很大。从这个角度我们可以得出以下结论：非农收入相较于农业生产经营收入越高，那么农户进行土地流转的意愿越强。

研究还发现，农户土地流转意愿还受到土地流转的租金、从事农业

---

[1]　参见曹建华、王红英、黄小梅：《农村土地流转的供求意愿及其流转效率的评价研究》，载《中国土地科学》，2007（10）。

生产经营活动的补贴以及税费的影响。体现在中央没有实行种粮补贴和减免农业税之前，农户的土地流转意愿提高，而在中央实行种粮补贴和减免农业税之后，农户的土地流转意愿下降，主要是农户从事农业生产经营活动的积极性提高了。

同时，人均收入、社会保障、第一次外出工作所花时间对农户土地流转意愿的影响也很显著[①]，表现在随着人均收入的提高，农户的土地流转意愿在增强；社会保障的出现能够提高农户流转意愿；同时，外出找到工作所耗费的时间越短，农户的土地流转意愿越高等。

对于土地转出农户，影响农户土地流转意愿的主要因素是非农收入的获得、非农收入相对于农业收入的水平、非农收入的稳定性。随着工业化和城镇化的推进，农业部门需要的劳动力在逐渐减少，并且随着人力资本价值的提高，农户外出打工所获的非农收入相较于农业生产收入来说是较高的，因此，这促使农户愿意将土地进行流转，但是这也需要农户对非农收入的稳定性，即风险性、不确定性进行权衡，如果非农收入不够稳定，农户倾向于保留土地使用权。

可见，农民是否选择进行土地流转的核心在于是否能增加未来预期的稳定收入。

农村土地流转模式的基本结构

对农民权益的切实保障是影响农户选择何种土地流转模式的关键因素。广东、江苏、湖南、安徽4省农调队调查表明，2003年，4省农村土地流转主要有转包、互换、出租、转让、入股5种模式，其他模式所

---

① 参见何国俊、徐冲：《城郊农户土地流转意愿分析——基于北京郊区6村的实证研究》，载《经济科学》，2007（5）。

占比例在 5%以下。其中各主要模式所占的比例如表 9—2 所示。

表 9—2　　　　　各类农村土地流转模式的基本结构（%）[1]

	广东	江苏	湖南	安徽
转包	30	45	65	59
互换	2	4.1	3	7
出租	28.3	22.4	10	14
转让	4.8	9.2	13	14
入股	30.6	15.4	6	3.5

　　由以上数据可知，广东采取的土地流转模式中占比例最大的是入股。这里有必要分析为何广东省独树一帜在入股所占比例上遥遥领先。以广东南海模式为例我们可以窥见其中缘由。广东省南海市（现为佛山市南海区）在 20 世纪 90 年代初在全市范围内逐步推行了农村土地股份合作制。广东南海模式的特点在于由股份合作组织直接出租土地或修建厂房再出租，村里的农民出资入股，凭股权分享土地非农化的增值收益。具体措施有两点：第一是实行"三区"规划，把土地功能划分为农田保护区、经济发展区和商住区；第二是将集体财产、土地和农民承包权折价入股，在股权设置、股利分配和股权管理上制定章程，并且一切经营活动按照章程办理。

　　这种模式之所以能够被农户接受并且采用，其关键在于这种模式不仅承认土地在农用时农民对土地的收益权，更为重要的是也保障了农民分享土地非农用以后的土地增值收益。这样的制度安排在极大程度上保障了农民的收益权，这对促进农户采用入股的方式进行土地流转起到了极大的作用，因为在缺乏有效保障的前提下，农户的行为方

---

① 参见刘汉威、夏亚华、梅福林：《下阶段我国农村土地流转状况的实证分析与政策建议》，载《商业研究》，2006（20）。

式趋向于风险规避型，而南海模式通过制度安排以及严格的执行力为农户提供了有效的保障，消除了农户的担忧，使得农户采用入股的方式进行土地流转，不仅满足了工业化对土地的需求，又保障了农户对土地的收益权利。

而针对农户土地入股意愿的问题，相关学者在 2007 年 1—2 月对江苏省农村土地股份合作试点县市的村庄农户开展了问卷调查。① 从理论上讲，农户土地入股的意愿主要取决于土地入股所产生的预期净收益。而事实上，土地入股所产生的预期净收益受到多方面的影响，包括农户家庭特征，如受教育程度、家庭非农收入的比重、家庭年人均收入、家庭成员是否担任过村干部等；土地特征，如耕地面积、单位面积粮食产量、土地是否抛荒过等；村庄特征，如村干部受教育程度、村庄人均耕地面积、村庄人均年收入等；另外一个不可忽视的影响因素即是农户对土地入股的认知。

调研结果发现，在农户家庭特征中，家庭非农收入的比重和家庭人均总收入发挥着显著的影响作用，即家庭经济收入中非农收入所占的比例越高，家庭人均总收入越高，农户土地入股的意愿越强。在土地特征中，家庭承包的耕地面积是主要的影响因素，而单位面积粮食产量与农户土地入股意愿成反向的关系，这也就是说，耕地粮食产量越是不高的农户，越是希望通过土地入股来改善自己的收益。在村庄特征中，村庄人均年收入和村干部的受教育程度对农户土地入股意愿具有显著的正向作用。这主要体现在，村庄人均年收入越高的村庄，外出务工的人员数量越高，这样一来，闲置的土地通常是转包或转租给别人经营，但这样做的收益不是特别高，同时也不可避免地发生一些矛盾与纠纷，因此，

---

① 参见赵笑寒：《农户土地入股意愿的影响因素分析——以江苏省调研实证为视角》，载《现代经济探讨》，2009（4）。

这些农户希望通过将土地入股获得更高的收益。并且，村干部的受教育程度越高，越能推动村庄的农户土地入股，因为在村庄事务中，村干部发挥着巨大的作用，包括团结村民、说服村民、与村民进行沟通等。公信力强的、负责任的村干部能够带动村民进行土地入股，这一点也体现在农户对土地入股认知与农户土地入股意愿没有显著正相关的统计结果上。

通过分析广东省南海模式以及江苏省农村土地股份合作试点县市村庄农户土地入股的意愿，我们发现，家庭非农收入所占的比重、村干部所受的教育程度以及土地入股措施在实施时对农户权益的切实保障是影响农户土地入股意愿的主要因素，其中权益保障度是核心。应该引起我们注意的是，在涉及农户选择何种土地流转模式意愿的问题上，地方政府、村庄干部发挥着重要的作用。如果没有合理制定和严格推行的政策、干部的积极带动和沟通、权益的切实保障，农户总是偏向于自发地选择简单易行的土地流转方式，而不是需要复杂手续和利益安排的土地流转方式。

对于愿意进行土地转出的农户，选择何种土地流转模式，是转包、出租还是入股，农民考虑的核心因素是哪种模式下权益保障度更高。这就涉及政府的努力和作为，包括模式的探寻及创新、制度的建立和执行、管理的合法合理性等因素。

从很多城市成功的土地流转模式中我们可以看出，政府在其中扮演了极其重要的角色，因为，如果按照农户自发的意愿，他们会选择最简单、最具有人情味的土地流转模式，但是为了工业的发展以及农户收入的提高，政府必须参与其中进行引导，采用最符合当地实情并且最能够满足发展目标的土地流转模式。而这些模式成功的原因有一点是毋庸置疑的，那就是切实持续地保障了农户的权益，打消了他们的后顾之忧。

使用权换股权模式下农民的意愿

对于农民而言，影响其是否参与流转的关键因素是获益水平的高低，而选择何种模式参与流转的关键因素是收益的保障。不同的模式对农民而言意味着不同的保障水平，这里我们单就使用权换股权模式下影响农民选择的因素加以分析。

对有意愿选择土地入股的农户而言，虽然地方政府、基层组织和相关企业对推行农户土地入股的积极性很高，但为什么还是有许多农户不愿意选择这一模式呢？原因在于农户的不信任感和危机感。想让他们自愿参与土地入股，当地政府和地方干部还需要做很多努力。而这种不信任和担忧主要来自以下两个方面：

第一，农户将土地入股后成为股东，但仅仅是小股东，他们很难行使管理和监督的权利，而能够进入股东代表大会、董事会和监事会的一般是村干部，这就要求当地的村干部是具有公信力的负责人、受到村民信服和尊重的领导者，否则很难打消农户对土地入股模式的不信任感。

第二，土地作为股份入股后很难撤回，如果农户在城市找不到工作回归农业生产，或者企业经营不善倒闭了，他们视为最后生存保障的土地也无法收回。这个因素对于农户土地入股意愿的影响是非常大的，这使他们在做决定时面临很大的风险。后续权益的保障或许是农户在选择入股模式时所要考虑的核心问题。

农民股东的权益保障

农民选择何种方式进行土地流转，其目的都是创造更多的经济收益，并且在保证收入的前提下，尽可能地选择风险最小的模式。只有了解和认识在使用权换股权模式下农民权益的潜在威胁，才能更好地提出农民权益的保障对策，进而促进使用权换股权的土地流转的开展，从而创造更多的经济效益和社会价值。

使用权换股权模式下土地流转对农民权益的侵害

1. 农民可能无法享有土地流转所带来的收益

由于我国农村土地产权不明晰，现实中大多数农民根本无法获得土地流转所带来的收益。就目前而言，我国农村土地制度在产权方面仍存在相当多的缺陷。虽然法律明确了农村土地的集体所有权以及农民的使用权，但其中的使用权到底属于哪一级、主体是谁、如何具有保障性等在法律上都没有明确的规定，从而导致了农民的土地权益无法得到保障，随时都有可能受到来自村、乡、镇等各级地方政府的侵害。

2. 农民可能在取得股权后丧失对土地使用的话语权

农户将土地的使用权换做股权后成为了股东，但对于一个农户而言，其所占的股份是极小的，这样就丧失了土地使用过程中的话语权，他们很难行使管理和监督该土地使用的权利。对于以土地为生活依靠的农民来说，这无疑增大了土地流转获得收益的风险。一旦大股东联合起来侵占小股东的利益，农民的利益在这个过程中就被无形地侵害了。

3. 农民选择使用权换股权模式后无有效的退出机制

在前期，农民将土地使用权作为股份入股后将在短时间内取得一定的分红收益，对于本来就有意进行土地流转的农户而言，分红收益明显高于其他模式下的收益，短期内对于农户而言是极好的选择。但是从长期来看，一旦取得股份就很难撤回。当他们从城市返回农村，或者企业经营不善倒闭了，他们不再拥有视为最后生存保障的土地。没有退出机制在一定程度上提高了农民股东债务清偿的风险和第二次择业的难度。一旦上述情况发生，无疑对选择入股进行土地流转的农民权益产生了巨大的侵害。

4. 政府职能定位不当可能损害农民利益

在市场经济条件下，政府的职能主要是克服市场失灵和促进社会公平，但在农村集体土地流转管理中，政府的这些作用却没有得到充分体现。一方面，在市场经济条件下，农民本应是农地市场的主体，有权自主决定其所承包土地的生产经营。在这个过程中，农民应该有权选择自己的土地以何种方式进行流转，但由于农地制度的不合理及层层的政府干预，农地流转中农民合法的土地权益难以得到有效的保障。另一个方面，面对大面积的土地，农民选择的意愿不统一，政府在其中如何做好协调工作，直接影响到农民的利益是否能够得到保障。

5. 红利与发放制度设定得合理与否将直接影响农民的权益

从企业的角度出发，多数企业希望农民以股权的形式流转土地，每月或者每年发红利，对于企业而言，这样不会在短时间内产生大量的现金流出。但是农民却往往不愿意选择分红的形式，其希望能够一次性拿到土地流转的收益，在这个过程中就会产生矛盾。另外，对于一次性拿走收益的农民，一旦这些收益被花光，则面临没有收入、没有土地的现状，增加了社会的不稳定因素，同时也在一定程度上损害了其他农民股东的权益。

6. 土地经营权评估的合法性直接影响到农民股东的权益

选择以土地承包经营权入股设立公司或合作社，首先面对的就是承包经营权评估作价的问题。在我国，土地承包经营权目前并没有真正意义上在市场进行流通，因而土地承包经营权的评估、土地承包经营权的市场价格并没有一个得到官方认证的评价体系和评价机构。而在土地流转过程中土地经营权的估值直接决定了农民入股时所占的股份比例，如果政府、企业、合作社等联合起来压低农民的土地价值，这将严重损害农民的权益。

7. 法律规范缺失导致农民土地权益受到损害

我国目前的农村土地立法是明显不足的，无论是农村土地流转制度本身还是法律法规保障方面都存在着不同程度的缺陷与不足，造成了许多农民土地权益受到侵犯后，无法通过正常的行政复议或司法途径寻求救济。这也是农民不愿意选择用使用权换股权进行土地流转的原因之一。

保障农民权益的对策建议

农民股东的权益在土地流转的过程中受到了来自体制、制度、法律、利益分配方式、估值评价、自身等多方因素的影响，从而导致了农民利益在部分情况下得不到保障的事实和潜在风险。只有有效地解决上述损害农民利益的事实并降低潜在风险，才能促使农民更多地选择以使用权换股权的模式进行土地流转。本节试从政府、合作社（公司）、金融机构、农民自身四个角度提出对策以增强农民在使用权换股权模式中权益的保障力度。

1. 政府角度

（1）帮助农民构建农民组织化的制度迫在眉睫。

目前，我国农民的组织形式主要有农村合作经济组织、农村股份合作经济组织、农业专业化协会、专业生产经济合作组织、"公司＋农户"等几种类型。这些农民组织虽然在农业产业化中发挥了一定的作用，但在农村土地流转中未能发挥太大作用。农村土地流转绝大多数仍然是农户的自发流转或村集体的统一流转。出现这种情况的主要原因有：一是地方政府对农民组织制度的政策一直不明确，组建起来的农民组织的法律地位无法确认，造成地方政府和农业部门难以引导其发展；二是缺乏统一的管理，多部门争相管理导致管理失灵；三是农民组织自身缺乏明确的职能和定位，其组织性质往往在公共组织与私人组织之间模糊不定，其职能甚至包括了农业生产的方方面面。

针对这些问题，应首先明确农村农民组织的法律地位，它们应是纯粹的经济组织，然后通过政府规范和明确其职能，达到培育和引导农民组织的目的，从而促进农村土地流转、保护农民土地流转权益。明确其合法的地位是解决问题的根本。

（2）政府在使用权换股权式流转中应发挥引导、扶持、规范这三个作用。

第一，政府应在土地流转过程中发挥引导作用。政府在整个土地流转过程中应以公平、公正、公开为出发点成为整个流转的指向标，对流转过程中涉及的金融机构、农户、合作社、企业等做好协调和沟通工作，如对金融机构发放的专业合作社、种养大户等涉农贷款实行税收减免政策等。或做好农村土地的确权、登记、颁证工作，明晰农地承包经营权等。

第二，政府应在土地流转过程中发挥扶持作用。这里土地流转过程涉及的主要是农用土地，农业的整体市场回报率较低，且农民的收入水平也相对较低，所以政府对土地股份合作企业应在政策方面给予一定的扶持，降低企业运营过程中的资不抵债风险，降低农民利益受损的可能性。

第三，政府应在土地流转过程中发挥规范作用。主要体现在：加快完善相关法律法规，支持股权模式土地流转有序开展；建立和完善政府服务机构，确保土地流转规范运作，如设立土地产权交易服务机构，为土地使用权入股和转让进行评估，提供交易平台；规范金融支持农村土地流转的制度环境，既要完善支农政策环境，又要健全金融支农制度。

2. 合作社（公司）角度

（1）规范入股方式、股金和红利收入的制度，切实保障农民股东的利益。

农民选择以入股方式进行土地流转，其收入分配和入股形式必然是其关心的首要问题。合作社可以参照以下几种模式合理加以确定：一是将集体土地与集体经营性资产一起折股量化，明确每个社员的股份，经营收益按股份分红；二是将农户土地承包经营权股权化，组建新的股份合作公司，对入股土地实行统一规划、开发和经营；三是农户以土地承包经营权折价参股，组建股份有限公司，股民既可以承包园区的项目，又可以选择为公司打工（股民有在园区内就业的优先权）。还需要注意的是，在股权设置、股利分配和股权管理上需要制定详细的章程，章程中可以规定农民股东凭股权亦可分享土地非农化的增值收益，并且一切经营活动需按照章程办理，这样农户才容易选择接受并且采用股权模式。

（2）设计农民股东工作保障机制。

对于将使用权入股进行土地流转的农民而言，使用权入股后其就丧失了土地的使用权，那么农民股东未来的工作保障机制对于该模式的广泛实施便具有极其重要的意义。大体来说应设计两类工作保障机制：一是入股后直接在相关企业安排一定的工作，形成"分红＋工作收入"的机制；二是入股后仅选择领取固定的分红而自己找寻工作的机制，在该机制下，对于进城打工后又返回农村的股东，应设计一个工作分配机制，通过规定的程序和审批亦可转换成"分红＋工作收入"的机制。

（3）建立农民股东的监督机制。

农民股东以土地使用权入股后，其股份在整个合作社里所占的比例还是相对微小的。针对农民的特殊性，合作社或公司在合作社章程（公司章程）中应规定董事会、监事会中农民股东所占的最低比例要求，或是成立专门的农民股东监督委员会，对于必要的事项可以设置"一票否决权"来保护股权比例较小的农民股东的利益。

3. 金融机构角度

金融机构在使用权换股权式土地流转过程中，应该针对使用权换股权式土地流转过程中的合作社，以及所涉及的上下游企业提供一定贷款利率上的支持，降低企业经营失败的风险，增加现金流。或合理引入第三方担保，从而有效缓解目前信用担保的困境，破解农村土地流转的"融资瓶颈"，进而起到积极的作用，有效地保障土地流转过程中农民的利益。

4. 农民自身角度

建立农村职业技能培训组织。从农民自身角度出发，在将自己所拥有的土地使用权以股权方式流转进入合作社或企业之后，应该在取得收益的同时学习第二项就业技能，减少因企业经营不善或者选择离开城市返回农村后，无地可种且无业可就的现象发生，提高自身的竞争力，以增强自身权益的保障。

应以农民为主体，建立政府、企业、金融机构和农民股东的相互监督机制。在参与使用权换股权模式土地流转的多方主体中，以农民股东的地位最弱，且多方参与者在土地流转过程中都有可能发生以损害他方利益而增加自身获利的行为。所以有必要成立一个组织以监督各方参与者在其中的行为是否损害到他方的利益，一旦发生上述事实，将按照各方事先约定的办法处理，从而有效地保障各方参与者在其中的利益，特别是地位最弱的农民股东。

东达蒙古王集团在内蒙古自治区的实践

内蒙古东达蒙古王集团是在 1991 年创建的东达羊绒制品有限责任公司基础上，于 1996 年 4 月组建成立的。集团现拥有 58 个成员企业，11 000 多名员工，总资产 160 亿元。截至目前，已安排 2 000 余名下岗职工再就业，累计为国家上缴税费 14.5 亿元；投资 3.2 亿元用于生态建设，拉动 12 万户农牧民增收致富；已投入新农村建设资金 36 亿元；已投入用于各项社会公益事业资金 3 亿多元；救治了 158 名先天性心脏病患儿。现已形成了面向市场的路桥、房地产、新型农牧、生态林沙草、羊绒皮草服饰、酒店服务、商服物流、文化等八大产业。

集团公司获得内蒙古自治区"出口创亿元先进乡镇企业"、"内蒙古工业二十强企业"、"全国扶贫重点龙头企业"、"中国最具生命力百强企业"、"全国新农村建设百强示范企业"、"农业产业化国家重点龙头企业"等荣誉称号。

东达蒙古王集团风水梁园区介绍

东达蒙古王集团风水梁园区建于 2005 年，占地面积 53 平方公里，曾经是典型的沙漠地带，经过集团种植沙柳、改善荒漠，现已建成集特种养殖、煤炭物流、工业生产、文化旅游、生态移民为一体的生态示范工业园区。园区位于达拉特旗，南距东胜区 58 公里，北距包头市 60 公里，区位优势突出，公路铁路纵横，交通便利、物流快捷。园区本着生态扶贫、产业拉动的理念，依托獭兔养殖产业链，于 2010 年建立了东达生态移民扶贫村，规划容纳 12 万人口，形成五个子园区：工业园区、物流园区、养殖园区、生活园区、轻工业园区，现已完成建设 18 平方公里，吸引了来自 18 个省市的移民，已安置农牧民近 3 000 户，达 30 000 人。移民扶贫村基础设施完善，设有卫生院、幼儿园、小学、移民楼等，设备齐全，由集团提供运营费用，为移民解决了生活的后顾之忧。

移民扶贫村以獭兔养殖产业为依托。当地干旱的气候条件适宜獭兔生长，并且獭兔养殖产业链利润高、生态环保。产业链上游包括饲料加工、獭兔养殖，下游包括獭兔皮毛制衣、獭兔肉食品加工、利用獭兔内脏制作药材、利用獭兔粪便制作沼气或肥料以及菌业培养，或利用獭兔喂养貂、貉子、狐狸、狼等，进一步加工制作皮毛服饰、药材等产品。獭兔利润丰厚，毛重五斤的獭兔收购价为每只 70 元，仅一张獭兔皮的加工后市场价格就达到 80~100 元。

依托该产业，移民的主要收入来源是獭兔养殖。东达蒙古王集团实施獭兔养殖的五保政策：保种兔，即提供种兔，保证质量；保饲料，集团建有饲料加工厂，保证饲料质量；保防疫，组织防疫员定期检查、传授防疫知识；保销售，集团以每只 70 元的价格集体收购毛重五斤以上的獭兔；保基础设施，集团建立了用于养殖獭兔的设施，养殖、住宿设施齐全。集团共提供小户型、中户型、大户型三类养殖设施，既可以养殖獭兔又可以住宿，标准的中户型占地550平方米，其中包括500平方米的兔舍和50平方米的住房，小户型可免费提供给农户使用，其养殖数量及利润见表9—3。

表9—3　　　　　　　　　　三类户型的獭兔养殖数量及利润

养殖设施型号	獭兔年养殖数量（只）	每户年利润（元）	集团年养殖总量（只）
小户型	1 500～2 000	7万	
中户型	2 000～3 000	10万	500万
大户型	3 000～4 000	12万	

除獭兔养殖外，园区充分利用资源，在轻工业园区建立了服装加工厂、包装厂、三合板厂、轮胎厂、太阳能发电厂、饲料厂、屠宰场等。例如，用于改造沙漠的沙柳防护林经加工制成饲料、纸浆，以及可供生产家具的三合板；保留少数沙漠建立文化基地，作为那达慕大会、汽车拉力赛、影视拍摄的场地或滑沙景区；利用沙漠太阳能进行光伏发电，除了供工厂使用的电能外，每年有3.5兆瓦剩余电能被并入国家电网获取利润。对企业而言，资源的充分利用使企业实现了收益多样化、风险分散化；对农户而言，劳动自主性增强，獭兔养殖间歇可以到工厂打工，依靠勤劳获取额外收入。

在这样的产业园背景下，农民风险小、收入有保障，配套的基础设施解决了教育、医疗问题，因此多数农户全家搬迁到风水梁园区，不必忍受亲人分离之苦。用当地旗长的话来讲就是，"农民进得来、稳得住、能致富"。当地农民的身份发生了改变，成为产业工人，这种有产业支撑的新农村建设是风水梁园区取得成功的一大法宝。

风水梁园区的土地流转情况

东达蒙古王集团有多个獭兔养殖项目，包括风水梁园区、甘肃园区、狮子王旗园区等。不同的园区获得土地使用权的方式也有差别。

风水梁园区土地流转采取租赁承包模式，具体流程主要包括如下步骤：首先，企业与村集体谈判并达成一致意见，村集体将土地使用权证交给企业，企业开始对农户进行安置并按年份支付给村集体一定额度的补偿；其次，将村集体的土地使用权证移交给当地政府，由政府审核并颁发农村土地承包经营权证（如图9—1所示），将农民的土地使用权转到东达蒙古王集团的名下。自此，东达蒙古王集团获得了土地使用权，并利用土地使用权进行抵押贷款。向当地农牧局提交农村土地承包经营权证，获得准许土地抵押的文件，根据此文件向当地农业发展银行提出抵押贷款的要求。值得注意的是，企业获得土地后，由于在土地荒漠化治理、当地农民安置、解决就业等方面做出了贡献，政府会给予企业一定的补偿。具体流程如图9—1所示。

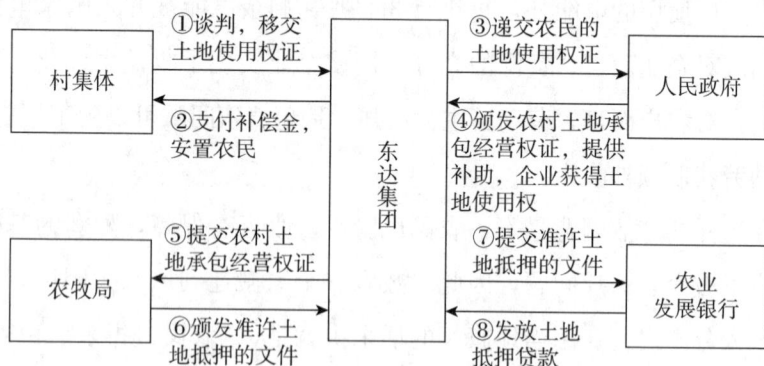

图9—1 风水梁园区土地流转及抵押程序

　　东达蒙古王集团的甘肃园区及狮子王旗项目的土地流转模式与风水梁项目类似，但存在细微差异。甘肃獭兔养殖项目计划投资 55 亿元，分 4～5 期建设，养殖基地地处甘肃贫困地区，土地以沙漠为主，当地农民对收入的期望值并不高，管理难度不大。狮子王旗项目总投资 30 亿元，分两期建设，建设环境与甘肃项目相似。对于这两个项目，东达蒙古王集团属于外来企业，为减少与农民交涉的困难，企业选择直接与政府谈判，由政府出面组织农民进行土地集中，将集中的土地征收为非农用地（建设用地），再移交给企业，如图 9—2 所示。

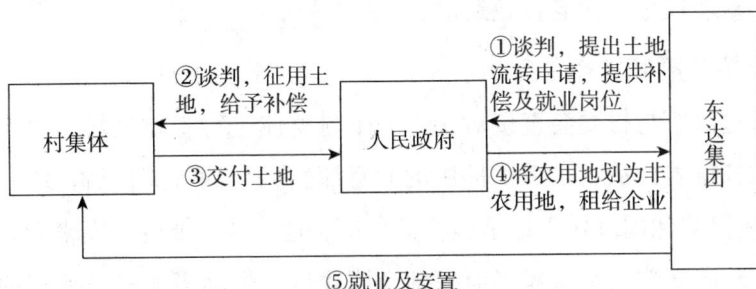

图 9—2　甘肃及狮子王旗项目的土地流转程序

　　以上土地流转模式十分典型，但东达蒙古王集团的土地流转具有一定的特殊性。

　　第一，在风水梁模式下，政府将原有的集体土地使用权证收回，向东达蒙古王集团颁发农村土地承包经营权证。这样的操作是极具地方特点的，就内蒙古而言，内蒙古西部地区地方政府多数可以向企业颁发农村土地承包经营权证，东部地区地方政府多数不认可该类操作。

　　第二，东达蒙古王集团獭兔养殖项目流转的土地多为沙漠，集团承包土地后要先投入大量人力物力进行沙漠改造。即使涉及当地农民的土地，多数也属于贫瘠地区，土地肥力不够，土地给农民带来的收益远不如养殖獭兔的收益。尤其在风水梁地区，东达蒙古王集团属于本地企业，当地农民讲究老乡之情，对于土地流转项目予以支持，来自农民的阻碍很少。

第三，獭兔养殖项目将农民增收脱贫、就业安置、基础设施建设、环境保护结合在一起，当地政府大力推进项目建设，既促进了当地经济发展，又增加了政府政绩，因此容易达成与政府的一致意见。

1. 东达蒙古王集团土地流转的指导思想

（1）进得来：能吸引农民进入獭兔养殖产业区。

（2）稳得住：让住进来的农民有事做。

（3）能致富：让老百姓致富。

2. 土地流转运作模式

通过政府与村委会直接对接，一个村整体进行土地流转，由当地农牧局收齐村委会从农民手里提供的同意流转的合同等文件后，统一出具《中华人民共和国农村土地承包权证》给企业。从企业的角度来看，企业希望与政府交涉，在保障当地基础设施建设、带动当地农民致富的前提下，希望政府直接更改土地性质，直接变成工业用地，减少之后产生纠纷的可能性，目前已有部分项目是这么操作的。企业支付给农民的收入按年支付，钱统一先给政府。若土地性质转成工业用地，则企业交纳土地出让金。

3. 农民收入情况

拥有当地户口的农民，每人分得 30 平方米的楼房住房，并提供獭兔基本养殖设施（50 平方米住房＋500 平方米的养殖房）；非本地户口的农户，企业仅提供 550 平方米的养殖设施，楼房住房需自己购买。

企业负责农民养殖的销售接收，一般獭兔毛重达到 5 斤即可出售。小户（年产量 2 000 只）年收入 7 万～10 万；大户（年产量 5 000 只）年收入至少 12 万。之后的规模化生产，一般从大户中优秀的农户中选取，给予更大的养殖空间。

除了基本的养兔收入外，农民还可以成为企业产业园区中的产业工人，如木材加工、獭兔屠杀、皮革制造等。

4. 流转中存在的问题

农民不愿意将土地入股的原因主要集中在三点：（1）担心企业经营失败（赔了怎么办？一直赔怎么办?）；（2）担心承包的土地最后回不到自己的手里；（3）希望得到最快的收入方式，认为股权不如房子和钱好，不愿意考虑未来的收益（也可理解为对入股模式的宣传不到位）。

5. 流转成功的因素

（1）当地企业家，农民信任；（2）乡土人情；（3）政府出面，保障利益；（4）银行融资支持；（5）流转土地地方收入偏低，流转后带来的收入大幅度增加，便于对农民的管理。

东达蒙古王集团土地流转的借鉴及思考

尽管存在特殊性，东达蒙古王集团土地流转在诸多方面具有可推广性：

（1）寻找企业、政府、农民的利益共同点，获得多赢。就獭兔项目而言，将沙漠治理、农民增收、促进当地就业和经济发展、促进新农村建设结合在一起，对于政府而言增加政绩，对于农民而言获得更多收入，对于企业而言不仅获得了收益，更容易获得政府和农民的支持，在土地流转、组织生产方面的困难相对较小。

（2）政府在土地流转中起到了重要的推进作用，为企业提供了巨大便利。东达蒙古王集团的土地流转模式对政府的依赖性很大，在风水梁地区，政府将农民的集体土地使用权收回，并向东达蒙古王集团颁发新的土地使用权证；在甘肃、狮子王旗，政府将农地转为非农用地，期间农民出现反悔等任何问题都要向政府反映，由政府解决农民的问题。这在很大程度上节约了企业的交易成本，提高了土地流转效率。

（3）利用产业带动失地农民就业是土地流转的重要保障。失地农民的安置问题是土地流转产生的重要社会问题，农民安置不好，就不断要求赔偿、干涉企业的生产，甚至武力相抗。将农民转为产业工人，给予农民稳定的工作，并加强基础设施建设，使农民获得更舒适的生活；对于农民而言，企业改造荒地，支付使用补偿费用，提供工作，收购产品，农民对企业逐渐形成依附性，对企业的生产予以支持。这样的安置方式使得土地流转矛盾得以缓解，企业实际上控制了产业链上游，保证了原料供给和正常的生产经营。

（4）企业应当引领农民的思想解放，拓宽其思路和视野。项目建设初期，企业与村集体的谈判并不顺利，因为农民并不相信獭兔养殖能够带来高收益。对农民而言，眼前利益是最实际的，"赊三不敌见二"，说服农民参与土地流转、支持企业发展的最好方式就是将农民的利益考虑进来，给予农民实际的、看得见的收益。东达蒙古王集团利用本地企业的优势，对农民进行积极的劝说、疏导、示范，最终实现了成功的产业带动就业式发展。

总体而言，东达蒙古王集团的土地流转项目顺利实现了企业盈利、农民就业、环境保护、土地使用与抵押，是当地土地流转的成功模式。但对于土地长远使用的规划，企业并未介绍清楚，也揭露了该土地流转模式存在值得思考的地方。

首先，东达蒙古王集团获得了 50 年土地使用权，但对于 50 年的长远规划，东达管理层的思路并不清晰。这反映了农村企业发展的普遍现象，即先获得土地使用权，未来的事情暂不考虑。这种现象的根源在于我国土地使用权制度，目前根据农地性质不同，使用年限由 30 年至 70 年不等，但对于到期后的续期问题没有明确的安排。尤其是本案例中，村集体交出了土地使用权，在下一期土地使用权续约问题上，在续约方是谁、续约土地的面积划分方面存在争议，从长远来看，50 年后的土地续约必然引起利益的争夺。

其次，在东达蒙古王集团的土地流转中，农民完全交出了土地使用权，成为产业工人。一方面，对企业而言节约了与农民不断谈判的成本；另一方面，农民实现了就业，增加了收入。但失地农民紧紧依附于企业，要求企业必须处于盈利状态，保证农民的收入。当企业经历风险、无法收购农民的产品时，可能导致农民与企业的矛盾爆发，造成不良后果。

最后，政府在土地流转中具有很强的自主性。政府可以收回集体土地使用权，可以将农用地转为非农用地。若当地政府能够分辨项目质量、判断企业价值，则土地可能获得高效的使用；若当地政府因眼前私利与企业进行内幕交易、强行获取农民土地，并无法向农民提供长期保障，可能会引发严重的社会问题。

第五部分　资本不仅是只大鳄鱼

　　金钱并不像平常所说的那样，是一切邪恶的根源，唯有对金钱的贪欲，即对金钱过分的、自私的、贪婪的追求，才是一切邪恶的根源。

土地流转带来了收益增值之后，产业资本与金融资本就有了参与甚至深入参与的动力。而土地的进一步流转，依赖于土地流转增值收益的生产方式向产业链和农业创新这两个阶段的发展，这两个阶段的发展也不能离开产业资本和金融资本的介入。美国、日本等国的实践都说明了这样的发展历程，土地流转从来都无法离开产业资本和金融资本的支持。

　　产业资本关注的是土地流转所带来的集约化收益，以及产业链重构后的组织安全。金融资本关注的则是土地流转集约化生产所带来的超额收益。两者关注的从来都不是土地本身，而是土地所带来的利益。甚至到了一定的程度，产业资本与金融资本是要融合在一起的。

　　关键的问题是，究竟什么能够带来超额收益以满足资本的回报要求？虽然金融资本是逐利的，但是其恰好可以发挥"鲶鱼效应"，推动土地流转不断地追求更高的效益和更高的收益。而唯一可无极限增长的也许只有创新这一条渠道。也就是说，资本在这一次土地变革过程中，要更为关注的反而是农业产业的创新行为与创新所带来的成果。无疑，资本也不得不面对创新所带来的不确定性。

第 10 章
离不开金融的土地流转

　　土地流转是一个庞大的系统工程，需要各种金融机构，包括银行、信托等各种金融机构的参与。一方面是为了降低系统风险，因为不同的金融机构有不同的风险偏好。另一方面是为了丰富融资渠道，因为不同的金融机构提供不同的融资渠道。金融机构无疑是要追逐超额收益的，如果要吸引各种金融机构介入，那么就要细分因为土地流转而衍生出的相应的产业链中每个环节所适应的金融服务。而在土地流转过程中，金融资本也许就如沙丁鱼罐车中的鲶鱼，推动土地流转各方追逐超额的收益。

☞鲶鱼效应

　　西班牙人爱吃沙丁鱼，但沙丁鱼非常娇贵，极不适应离开大海后的环境。当渔民们把刚捕捞上来的沙丁鱼放入鱼槽运回码头后，用不了多久沙丁鱼就会死去。而死掉的沙丁鱼味道不好，销量也差。倘若抵港时沙丁鱼还存活着，鱼的卖价就要比死鱼高出若干倍。为延长沙丁鱼的存活时间，渔民想方设法让鱼活着到达港口。后来渔民想出了一个法子，那就是将几条沙丁鱼的天敌鲶鱼放在运输容器里。因为鲶鱼是食肉鱼，放进鱼槽后，鲶鱼便会四处游动寻找小鱼吃。为了躲避天敌的吞食，沙丁鱼会自然地加速游动，从而保持了旺盛的生命力。如此一来，一条条沙丁鱼就活蹦乱跳地回到了渔港。这种被对手激活的现象在经济学上被称作"鲶鱼效应"。

土地流转的金融支持案例

美国：联邦土地银行

大农业的发展模式需要大量的资金作为支撑，于是美国政府通过法案，决定设立主管农地抵押贷款的"联邦农业贷款局"，这就使得大量资本从城市工商业领域向农业产业转移，解决了工商业资本过剩和农业发展资金不足的问题。在 1933 年，为适应农业发展的需要，更好地服务于农业产业，新成立的"农村信用管理局"取代了"联邦农业贷款局"。农村信用管理局是在原来的 12 个土地银行的基础上建立的。到 1952 年，为达到统筹资金、形成规模效应的目的，美国成立了负责办理农地证券发行和抵押业务的中央土地银行。[①] 可见，大农业发展初期的资金短缺促成了美国农地证券化的发展。美国模式的具体运作如图 10—1 所示，

---

① See Boucher, S. and Guirkinger, C. , "Risk, Wealth, and Sectoral Choice in Rural Credit Markets,". *American Journal of Agricultural Economics*, 2007 (4): 89.

按照规定，农户个体不是参与抵押贷款的最小单位，农业信用合作社作为美国农地证券化的底层，才是参与抵押贷款的最小单位。这种模式中，土地证券（债券）是由多个农业信用合作社联合组建成的联邦土地银行发行的。[①]

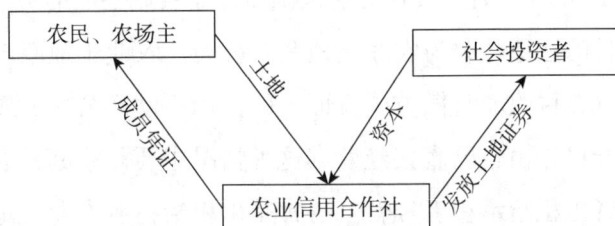

图 10—1　美国农地证券化的具体运作过程

在美国农地证券化模式中，联邦土地银行的资金主要来自：（1）农户缴纳的用于购买入股凭证的股金。购买入股凭证后，农户才可以进行借款，股金大约为农户期望借款额度的 5%。（2）由多个农信合作社组成的联邦土地银行，通过证券的发行来募集资金。这里要求，证券的发行额度不能超过股金、公积金总和的 20 倍，而且 12 个联邦土地银行还可以发行联合证券，通过联合运作互保证券的还本付息。（3）联邦土地银行可以从其他金融机构拆借，但拆借行为要受到农村信用管理局的监督。在美国模式中，社员的借款在没有政府机构担保的时候要低于土地价值的 85%，借款承担的利率可以在基准年利率附近小幅浮动，农户所借款项的偿还期限，可因土地使用方向的不同而有所不同。在借款到期，且农户已经全额偿还本金和利息的情况下，农户可以要求合作社回购股份，偿付股本金，不过在实践中他们大多为了以后资金借贷的便利而选

[①]　See Liu Yan-Hong and Liu Jing, "Fictitious Economy and Real Estate Securitization," in Proceedings of 2009 International Conference on Education Management and Engineering，2009.

择继续持有股份。[①]

法国：农业土地联合公司

法国在 1960 年 8 月 5 日指导法范围内建立农业土地集团，根据 1970 年 12 月 31 日的法律，改为农业土地联合公司。农业土地联合公司是享有特殊地位（在税收、解散方式方面）的民用不动产公司。农业土地联合公司的地产可以由自己直接经营（这种情况主要是家庭式农业土地联合公司）或者出租给承租者经营（通常是出租给持有农业土地股份者）。在股份金额超过土地总价值 30% 的情况下，地产必须出租，防止出现"隐瞒"的土地收益分成制。在法国有以下四种类型的农业土地联合公司。

1. 家庭式农业土地联合公司

它是为了将家庭的后代组织起来，从而避免地产的瓜分，而在家庭内部组织起来的家庭式公司。这种类型的公司为数最多（1984 年，其占所有农业土地联合公司的 40%，即 8 000 个公司，50 万公顷土地）。

2. 互助式农业土地联合公司

这种最初由众多投资者购买低价值的股份组织起来的联合公司，其目的是保护由于出卖农场而有被排挤危险的农场主利益，或者是集体性行动。1984 年，估计有近 12 个互助式农业土地联合公司（少于 4 000 公顷土地）。

3. 投资式农业土地联合公司

这类公司最符合 1970 年的法律条文和精神，即吸引非农业资金进入

---

① 参见吕厚磊：《我国农村土地流转融资问题研究》，西南财经大学博士学位论文，2013。

农业地产。全国大约有 250 个这类公司，占有 1 万公顷以下的土地。此外，全国农业信贷银行建立分支机构入股公司，以此开展建立农业土地联合公司的金融活动。

4."农业土地储蓄公司"式的农业土地联合公司

1984 年，建立了 36 个"农业土地储蓄公司"式的农业土地联合公司，尚有 70 个联合公司在筹建中，还有 70 个联合公司处于可行性研究阶段。根据对这类公司的规定，农场主从一开始便必须最少占有联合公司 5%的股份，并在前五年再购进土地整治及乡村建设公司 30%的过渡性股份；农业土地储蓄公司占有其他股份（最多为 65%）。但目前实行的制度倾向于要求农业土地联合公司的农场主承担在 15～20 年中逐步再购进所有股份的义务。这种体制与（收取较高的租金，期满后产权归租赁者的）租赁合同有相似性质。目前，这类农业土地联合公司所占有的农业耕地面积在 1%以下——大部分农业耕地面积属家庭式农业土地联合公司。这类联合公司在大面积耕作区最为常见。①

日本：土地信托

日本历来重视金融制度在农地制度建设中的重要作用，并根据农地制度建设的需要不断调整金融政策。可以说，日本农地制度的每一次变革都有相应的金融制度支持，金融制度的有些内容也包含着对农地制度的促进。例如，改善农林渔业经营结构资金融资制度（1963）为农民提供了开垦土地所需资金、改善园艺经营所需资金、扩大畜牧经营所需资

① 参见江秋明：《法国四十年的土地政策》，北京，农业出版社，1991。

金以及推动改善农业结构所需资金。1968 年，在修改的《农林渔业金融公库法》中创设了"综合资金"，为以自立经营或相当于自立经营的农业经营法人改善农地提供资金支持，它还为农业经营者提供改良农用地、获得农用地、购买农用设施、发展果树栽培、开展畜牧经营等所需的贷款。《农业人养老金基金法》（1970）规定了"从 60 岁开始支付并在 65 岁时附加支付国民养老金"的制度，其目的是"对应于促进农业经营者年轻化和农业经营规模扩大这一结构政策的要求"①。

1984 年，日本实施了对有效利用土地起积极作用的土地信托制度。日本的土地信托是土地所有者将土地委托给受托人（信托银行），并从受托人管理和使用该土地的收益中获取信托红利。② 土地信托包括处理型土地信托和租赁型土地信托，前者指土地所有者在信托期结束后，领取土地出售所得价款；后者指土地所有者在信托期结束后，收回土地所有权。土地信托模式具有以下特点：（1）替代性，即通过土地信托方式解决了土地所有者具有土地开发的积极性，但无能力开发的现象，具有替代性；（2）稳定性，即土地所有者将土地信托给信托银行，在信托期内如租赁型信托可获取稳定的信托红利；（3）高效性与多样性，即吸取民间土地信托制度能够高效配置利用土地的优点，使国有土地的管理与处置手段多样化。③

土地信托具有和其他信托相同的特点，即受托人以信托财产为基础，按照委托人的意愿和信托目的，为受益人的利益，积极主动地处理事务。土地信托一经出现就受到日本民间个人、法人、地方政府及国家政府的青睐。一方面是由于信托本身具有的独特功能，保证了土地信托不因委

---

① 汪先平：《当代日本农村土地制度变迁及其启示》，载《中国农村经济》，2008。

② See Smithson, Simon, "Financial Reform in Japan Institution Deregulation Entering Critical Phase," *East Asian Executive Reports*，1991（2）：8.

③ 参见刘志仁：《农村土地保护的信托机制研究》，中南大学博士学位论文，2007。

托人的死亡或者丧失意思表示能力而中止或变化，土地信托一经成立就按照委托人当初设立的信托目的运营，信托财产的独立性也能保证信托财产不因委托人、受托人及开发商破产等而受到损失。另外一方面是由于土地信托具有金融工具特性，满足了土地所有权人、政府部门、银行等多方不同的需求。有的土地所有权人希望通过开发建设土地获取收益，但自身缺乏足够的开发能力，通过土地信托，利用信托机构进行金融融资，调动民间力量和资源参与，有效地解决了土地开发建设的资金缺口。有的土地所有权人并不希望出卖所有权，仅仅是希望通过开发建设土地来产生经济效益。通过土地信托的模式，所有权只是在信托存续期间名义上转至受托人名下，待信托结束时，受托人又将土地所有权归还给受益人。通过土地信托这种方法，土地所有权人即使没有足够的资金和能力开发土地，也可以获得稳定的收益。

中国台湾：土地银行从专营走向多元化

于 1946 年 9 月成立的台湾土地银行是办理土地金融业务及农业金融业务的专业银行，是台湾农地金融体系最重要的组成部分。作为一家发行土地债券并发放长期低息贷款的银行，台湾土地银行所经营的农地金融贷款业务以土地为抵押品，贷款的主要目的是协助农民购买耕地及从事农、林、牧、渔各业的长期建设。在约 70 年的发展过程中，台湾土地银行的经营宗旨发生了明显变化，前期以协助政府实行土地改革，融通地产资金，以恢复和发展农业生产为主，后期则不再局限于农地业务，以办理包括房地产业开发在内的不动产信用业务为主，为农业和整个地区经济的发展服务。

金融机构对于土地流转的关注点

对于任何一个问题，不同的人有不同的看法，究其原因，主要是由于不同的人所站的立场和角度不一样。对于土地信托这个话题，我们尝试着从金融机构的角度来理解。

对于金融而言，相比于土地能否流转问题，金融机构更加关注土地的哪些权利是可以流转的。因为前者更像一个政治问题，而金融机构是应该避开政治风险的。对于土地的所有权、经营权和收益权而言，土地权已经由《宪法》规定由国家和集体所有，这是不变的。而目前国家鼓励经营权以各种形式流转。收益权则是经营权的结果。所以，对于金融机构而言，土地经营权的流转是关注的重点。

对于土地经营权的流转，其中的关键制约因素则是土地经营权的集中。自从实施家庭联产承包责任制以来，土地开始以家庭为单位进行碎片化经营，在一定的时间内这促进了农民们的生产积极性。但随着技术的进步以及工业化的作用，家庭碎片化的经营已经遇到了瓶颈。重新从每户家庭中收集土地经营权遇到的障碍主要有两个方面：一个是农民对土地的情感因素，另一个是收益因素。前者主要是因为农民技能单一，害怕失去土地后自己找不到相应的工作，或者是失去工作后没有相应的保障。还有就是目前农村有一套农民已经适应了的生活体系，如学校、医院等，虽然落后，但一旦他们离开土地后如果无法进入城市，那么他们就连这套落后的生活体系也没有了。后者则是农民担心自己因为缺乏知识而在土地流转中是弱势群体，得不到应有的收益，或者土地流转给他们带来的收益并没有高到能够使得他们交出手中的经营权。解决前者的主要方法有实现农业产业一体化，使农民在失去土地经营权后成为农业产业中的一个工人，使得他们慢慢由农民向工人转变。解决后者的方法则是要尽量把土地流转后集约化生产的蛋糕做大，并设计出适宜的分配方案。

关注能够带来土地增值的流转，尤其要关注科技在土地流转中发挥的作用，换句话说，不是关注土地流转本身，而是要关注土地流转过程中能够带来价值增值的部分，如牧草种植技术、畜牧业的养殖技术、土地流转中的太阳能技术等等。

第 *11* 章
金融机构参与土地流转的尝试

土地信托的尝试

当前，土地信托是如此地受人关注，以至于我们写一本关于土地流转的书的时候，都不得不涉及土地信托部分。土地信托的对象是土地，而我国幅员辽阔，有沙漠、草原、平原、丘陵、山地等诸多类型的土地，不同地区针对不同土地类型，其流转的方式不尽相同。本章我们想提供一些金融机构参与土地流转的做法，帮助读者更好地理解土地流转的情况。

土地信托化内涵及作用

所谓信托即受人之托，代人管理财物，是指委托人基于对受托人的信任，将其财产权委托给受托人，由受托人按照委托人的意愿以自己的名义，为受益人（委托人）的利益或其他特定目的进行管理或处分的行为。信托是一种特殊的财产管理制度和法律行为，同时又是一种金融制度，信托与银行、保险、证券一起构成了现代金融体系。信托业务是一种以信用为基础的法律行为，一般涉及三方面当事人，即投入信用的委托人，受信于人的受托人，以及受益于人的受益人。

　　土地信托具有所有权和经营权、经营权与受益权分离的特点，信托关系中委托人不行使占有、使用、处分、收益等 4 项权能，而以对自己的权益进行持有、转让、取舍的方式，激励信托高效运行，防止信托滥用权利。农民作为委托人将其持有的土地经营权，通过代理方式，委托给信托机构，信托机构集合民众的土地将其转化为高效的社会资本，委托人又通过自己所持有的信托产品，依托法律，赋予受益人享有资本收益的权利。信托公司行使经营权，委托人和受益人不参与任何具体经营和管理。委托人通过"用脚投票"的方式来行使自己的权益，保障信托资本的自由流动，实现产权的开放性；受益人分享社会资本投资收益。在信托资本运行过程中，所有权属没有发生改变，体现了产权与所有权的分离，调动了各种所有制经济的积极性。土地信托化一旦形成，可以凭借其特殊的经济地位和规模优势，集成和分享知识、社会关系和资本，实现土地的集约化和规模化发展，实现科技和土地的结合，发展现代农业，兴办工厂、企业，并担负起对农民的社会保障，实现农业现代化。

　　（1）土地信托化有利于明晰产权主体，是一种新型的生产关系。国家从法律上明确集体土地所有权主体代表，界定土地所有权的归属，规定集体土地产权的各项权能。在此基础上，具体界定农民对集体土地享受的诸项权益。永久承认和保护其合法的土地信托资本，这有利于打破过去封闭、凝固的社区集体土地产权关系，建立起适应社会主义市场经济要求的、明晰的集体土地所有产权结构。

（2）土地信托化不以占有实物土地为基本特征，有利于实现土地资源向资本的转化。依照土地信托化，农民作为受益人拥有的是可携带的信托资本，参与土地收益分配，得到法律的认可和保护。信托资本实现了农民的自由迁徙，其转让也不影响信托机构行使实物土地经营权，这使得农民对实物土地占有的观念将逐步淡化，比较容易放弃承包土地，而将劳动力、资金等生产要素转入非农产业，更好地促进集体对土地的统一规划和统一开发利用。

（3）土地信托化有利于完善土地经营方式，合理利用土地。家庭联产承包责任制是一种集体土地的经营形式。实行土地信托化，并没有改变以家庭承包为主的多种经营方式，只会促进经营形式的多样化发展。例如，农民仍以家庭为基本单位在信托机构承包或租赁土地经营，或者若干农户联合租赁若干具有信托资本功能的土地实行适度规模经营，这样就能进一步优化经营权主体的市场化选择，让那些经营有方的人优先获得土地经营权，从而确保土地这个农业中最基本的生产要素经常地、自觉地与那些经营水平较高的人结合在一起，最大限度地发挥土地的效用。

土地信托化实践：一次代理

一次代理是村集体中的成员依据自己的意愿，将土地使用权委托给村委会或是与政府相关的某个公共机构。村集体中的成员作为农村土地的共同所有者，其中暗含的产权关系是村集体中的每一个合法农村人口，都对共同所有的土地，拥有一份平等的、无差异的权利；而这种权利，因其平等、无差异，每个人都不应该有什么特权，因此必须将其赋予或者外化到一个统一的、有别于具体个人的公共权力机构，使后者（称为使用权代表或代理），无差别地行使社会赋予其的权利，二次代理中的第一层代理的基本逻辑就是如此，其合法性只能建立在这样一种逻辑基础之上。

1. 浙江省绍兴市柯桥区（原绍兴县）农村土地信托流转案例

浙江省绍兴市柯桥区（原绍兴县）于 2001 年率先试行了农村土地信托流转，至今已形成了一定的规模，在国内影响较大，且其土地信托流转的操作形式也是目前国内最为规范的。

绍兴市柯桥区（原绍兴县）土地信托流转的特色就是设立了县、镇、村三级土地信托服务机构。这三级土地信托服务机构作为土地承包经营权信托流转的受托人发挥了核心的作用，主要提供登记和发布土地供求信息、推介土地开发项目、协调供求双方、指导签证、追踪服务和调处纠纷等服务。县级土地信托服务机构是在县土地经营管理总站内设立的土地信托服务中心，由镇农办、经营站、土管所、司法所等成员组成，总管全县土地信托的日常工作，同时由县政府分管农业的副县长领导，县农办、农业局、林业局、水产局、土管局、县法制局等作为成员建立了县土地信托领导小组。镇级土地信托服务机构是设在镇农办内的土地信托服务站，由分管农业的副镇长任主站长，负责管辖区域内的土地信托工作。村级土地信托服务机构是村经济合作社，同时由村经济合作社主任牵头，村委负责农业的副主任、文书作为成员，建立了土地信托领导小组，负责管理村土地流转的日常工作。这种三级土地信托服务机构的设置使责任分层，可以进行垂直管理。

柯桥区（原绍兴县）内若有农户愿意转让其水田、旱地、滩涂、山林等的土地承包经营权或者种养殖大户和工商业主需要受让土地承包经营权，都可以委托这三级土地信托服务机构办理相关的土地流转信托业务。具体操作上，农户将无力或者不愿耕种的土地的使用权委托给村经济合作社，村经济合作社将诸如土地类型、坐落位置、流转面积、承包权证等土地信息汇总到信托服务站，并由其登记造册建立土地信托档案，而镇信托服务站可向社会公开发布土地信息招揽经营者，种养殖大户通过招投标的方式取得土地使用权。若本镇的种养殖大户消化不了本镇流转的土地，县信托服务中心可将多余的土地发包给工商业主和经营能手。经镇、县两级配合后，村经济合作社与经营者直接谈判，签订土地使用权承包（倒包）合同。其操作的大概流程详见图11—1。

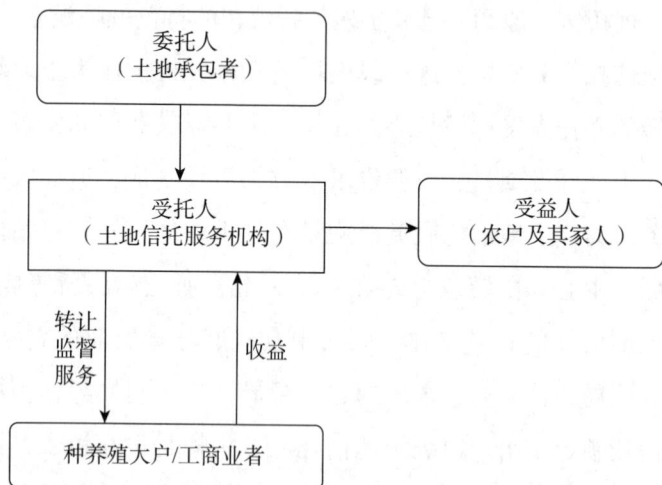

图 11—1　浙江省绍兴市柯桥区（原绍兴县）农村土地信托操作流程

通过研究发现，柯桥区（原绍兴县）的这种土地信托模式并非真正意义上的土地信托，因为县、乡两级土地信托服务机构并不受让土地的各项权利，仅仅起到信息归集和服务作用，而依据相关法律，农村耕地本来就归村集体所有，因此村经济合作社与通常意义上的信托机构有很大区别。尽管我国针对本国国情，没有借鉴大多数大陆法系国家"信托一旦成立，受托人享有信托财产所有权"的立法，但仍认为受托人掌握信托财产的控制权。前述柯桥区（原绍兴县）的土地信托机制并不是我国信托法意义上的信托，从法律意义上看，其实质为普通的委托代理行为。

2. 福建省沙县农村土地信托流转案例

福建省沙县农村土地承包经营权流转工作，是在坚持不改变农村土地集体所有制性质、农民承包权及农地属性的前提下推进的。从 2006 年开始，该县组织开展土地流通试点，2009 年 11 月建成启用全省第一个县级土地流通交易市场。2011 年，该县在省内率先开展农村土地承包经营权信托流转试点工作（下称"农村土地信托流转"），成立沙县源丰农村土地承包经营权信托有限公司（县级）和沙县金茂农村土地承包经营权信托有限公司（镇级），还在 11 个乡（镇、街道）设立土地信托分公司，标志着全县土地流转实现由政府主导向政府指导下的企业运作转变。

农村土地信托流转机制具体由组织架构、信托程序、收益分配组成。

第一，组织架构（见图 11—2）。由于该县辖内夏茂镇外出经营小吃的农民较多，其土地流转意愿强烈，且夏茂镇可成片流转的地块较多，故在当地单独设立镇级沙县金茂农村土地承包经营权信托有限公司，县级沙县源丰农村土地承包经营权信托有限公司对其实行业务指导。

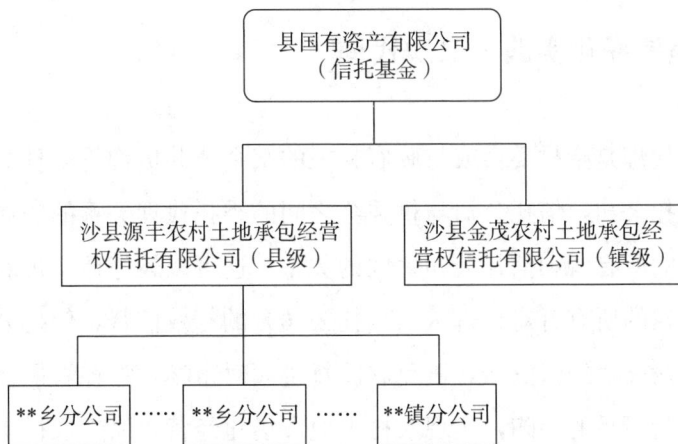

图 11—2 沙县农村土地信托组织架构

第二，信托程序。土地信托程序具体为：信托调查→信托申请（村委会向信托公司提出书面信托申请）→信托公司实地调查核实→土地委托（村委会与农户签订信托委托协议）→土地信托（村委会与信托公司签订信托合同）→信托登记（土地信托公司向县农业行政管理部门办理土地信托登记）→土地信托公司对信托土地进行经营管理（自主经营、流转给第三方等）。本着"农民受益、业主受惠、公司发展"的原则，立足于信托土地升值和做大做强农业项目，将信托土地统一对外流转。

第三，收益分配。在达成流转意向时，农户获得定金，一般为一年租金的10%～20%（定金主要由项目业主支付，有时先由信托基金垫付）；在签订土地流转合同后的15日内，业主支付给农户一年的田地租金（含定金）；在流转过程中，对信托土地改造、改良所产生的增值溢价部分，农户将得到相当于溢价部分60%的二次收益，其余作为信托发展基金，用于信托公司滚动发展；流转后由信托公司申请对接的市、县项目配套基金，其中60%由无偿扶持项目的业主收回，收回资金的60%返还村集体，用于壮大集体资金和由村集体对流转农户进行"二次分配"。

土地信托化实践：二次代理

二次代理是指村委会或与政府相关的某个公共机构将整理好的土地委托给信托公司，信托公司与村委会之间的委托代理关系的实质就是土地使用权的所有者和信托公司之间的关系。这可以较好地实现农民作为土地使用权的所有者对代理人（信托公司）的有效监督，信托公司运用市场化手段高效经营资产，避免农民直接面对市场，弥补农民社会知识平均占有量不足的缺陷，实现农村土地市场化经营，保障农村土地的增值，避免农民因知识不足造成的对市场的误判。依托信托公司成熟的经营方式，农民可以获得充分信息，保障利益不被侵害。在利益分配中，信托公司直接将土地的固定收益和增值收益分配给农民本人，不经过村委会或是与政府相关的某个公共机构，从而能够保障农民收益分配的及时和有效。

安徽宿州信托模式案例

为进一步规范农村土地信托流转并在农村土地信托流转中加入金融属性，各地急切需要引进专业信托公司参与农村土地信托流转，在创新农村土地承包经营权流转的同时解决三农融资问题。中信信托为满足上述需求特设立"安徽宿州农村土地承包经营权信托计划"。该信托计划设立 A 类受益权，将农民零散的土地进行集约化经营，通过信托机制保障土地流通的合法、公平和有序；引入 B 类和 T 类信托受益权，向 A 类信托受益权提供流动性支持，更加保障了农民的基本收益；同时结构化设计也使得 A 类信托受益权有可能质押给银行或中信信托等金融机构进行融资或在土地交易所内柜台转让，赋予土地信托流转金融属性，为农民参与城镇化进程、增强承担城镇社会保险和住房租购等方面的私人成本的支付能力创造了条件。在信托计划存续期内，受托人可根据信托计划项下的土地整理投资需求等决定发行适当规模的 B 类信托单位募集所需资金，以便促进农村土地流通良性运营。条件成熟时，也可与商业银行、专业性农村小微贷款机构合作，向参与土地信托流转农户提供贷款资金支持，以土地流转信托为平台构建服务"三农"的金融生态链。T 类信托单位在信托计划出现兑付 A 类基本收益、B 类基本收益单位投资本金或预期收益的流动性资金缺口时由受托人决定发行，所募集资金全部用于补充信托计划兑付的流动性资金需求。

信托项目中的主要角色及名称

委托人/委托人代表：此信托计划的 A 类委托人为有权对作为 A 类信托财产的土地承包经营权进行处分的宿州市埇桥区人民政府。埇桥区政府拟与朱仙庄镇政府签署农地承包经营权的委托管理合同，朱仙庄镇政府与其下辖的塔桥村和朱亩村村委会签署农地承包经营权的委托管理合同，代理委托流转标的土地 5 400 亩农地。涉及该信托计划的均已分别与朱亩村村委会、塔桥村村委会签署了《农村土地承包经营权委托转包合同》；信托计划的 B 类委托人和 T 类委托人为在中华人民共和国境内居住的具有完全民事行为能力的自然人或根据中国法律合法成立的其他组织，并具有《信托公司集合资金信托计划管理办法》第六条规定的合格投资者资格。

受托人：中信信托有限责任公司。

受益人：自益性信托，委托人即受益人。

服务商：安徽帝元现代农业投资发展有限公司。

保管人：中国农业发展银行（暂定）。

监管人：中国农业发展银行（暂定）。

承租方：安徽帝元现代农业投资发展有限公司。

信托财产运用及退出方案

A 类委托人交付的土地承包经营权，由委托人在对该等土地承包经营权进行整合后整体或分开出租给承包方，并视情况进行土地整理和农业设施建设投资（即"土地整理"）。委托人可聘请服务商为信托计划提供农地评估、流转等方面的服务，且由服务商对土地承包经营权收入等业绩指标按照《服务商合同》约定的方式做出相应承诺。

信托计划专户内的闲置资金可由受托人决定投资于高流动性、低风险的金融产品。

为改善信托土地的生产条件和增加地租收入，受托人有权决定发行适当规模的 B 类信托单位募集信托资金用于信托土地的土地整理投资。信托资金参与土地整理投资可自信托土地的地租收入中获得土地整理投资本金和土地整理收益。土地整理收益为土地整理投资本金按照投资期间中国人民银行公布的同期银行贷款基准利率上浮不超过 100％计算的收益，具体收益率根据信托计划为募集进行土地整理投资所需资金而发行的 B 类信托单位所需支付的预期收益、固定信托报酬和信托费用之和确定。

信托计划期限届满或终止，受托人返还 A 类受益人的土地承包经营权；信托计划期限届满或终止，受托人根据信托文件规定的原则依次向 B 类受益人和 T 类受益人以现金方式分配信托财产。

信托计划终止时，受托人于信托计划终止日后 10 个工作日内做出清算报告。受托人在清算报告公布之日起 10 个工作日内未提出书面异议的，受托人就清算报告所列事项解除责任。

交易结构

信托交易结构如图 11—3 所示，信托运作与退出结构如图 11—4 所示。

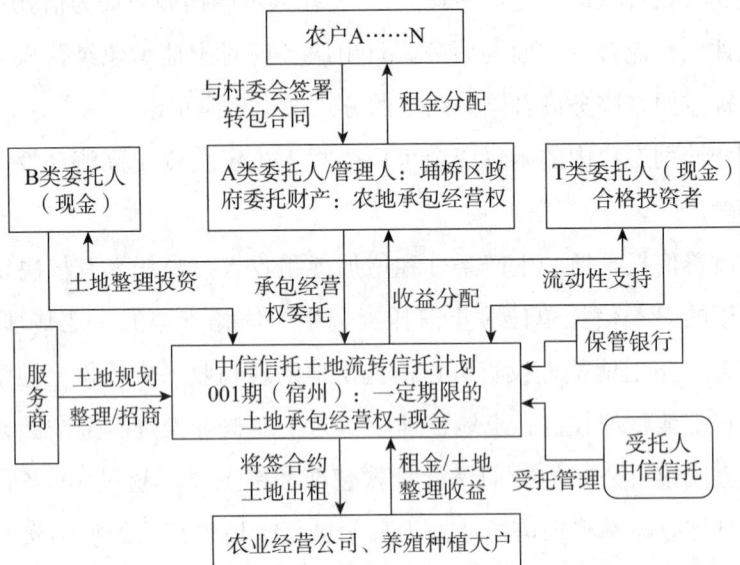

图 11—3　宿州农村土地承包经营权信托交易结构图

　　信托计划的类型为结构化集合信托计划。由 A 类委托人交付的 A 类信托财产及受托人发行的 B 类受益权、T 类受益权募集的信托资金共同集合构成信托计划的信托财产。在信托计划存续期内，受托人有权根据信托土地的土地整理投资需求发行 B 类信托单位募集所需资金。B 类信托单位的发行价格为人民币 1 元，其存续期限、预期收益等条件由其发行时的信托文件规定。在信托计划存续期内，如信托计划因出现临时资金短缺而无法足额支付 A 类基本收益、B 类预期收益或 B 类投资本金时，受托人可开放发行相应规模的 T 类信托单位募集资金提供流动性支持。T 类信托单位的发行价格为人民币 1 元，其存续期限、预期收益、赎回条件等条件由其发行时的信托文件规定。

　　此信托计划为自益信托，信托成立时和后续发行时认购信托单位的委托人与受益人为同一人。

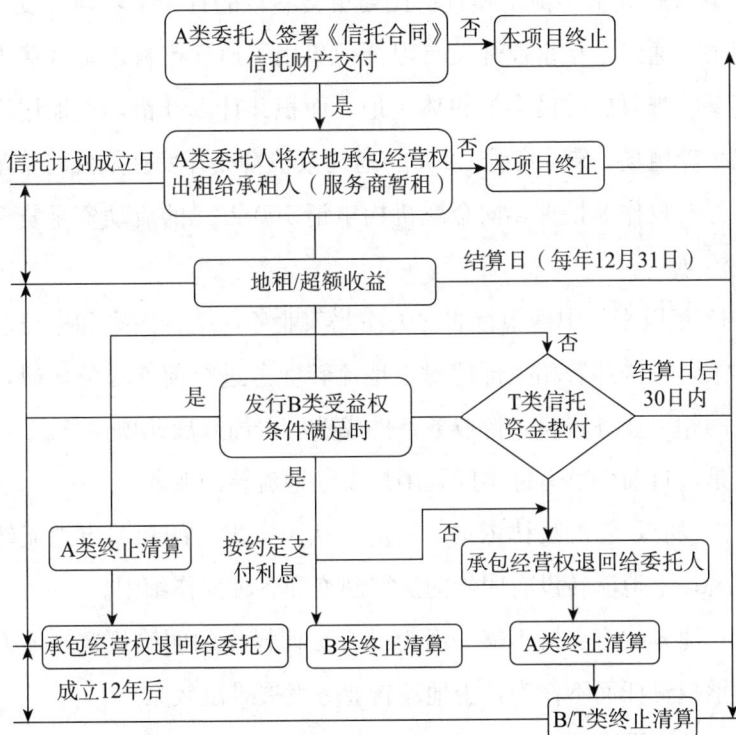

图 11—4　土地承包经营权信托运作与退出结构

通辽余粮畜业的土地流转贷款

业务背景

根据通辽余粮畜业开发有限公司与通辽市双叶农牧业发展有限公司签订的土地承包合同，以及通辽市双叶农牧业发展有限公司与通辽市科尔沁区莫力庙苏木小街基嘎查村民委员会签订的育肥牛养殖开发项目合作合同书，通辽余粮畜业开发有限公司租用了通辽市科尔沁区莫力庙苏木小街基嘎查村民委员会的集体土地，面积共计850亩，土地用途为建设育肥牛养殖场，剩余年限22年。通辽余粮畜业开发有限公司希望用上述土地经营权作为抵押，向金融机构申请100万元的流动资金贷款，用于土地流转。

2013年以来，中信银行非常关注此项业务，结合国家和中信总行的相关政策，安排部署相关部门对土地流转业务进行前期业务调研，收集了大量的相关业务资料，待业务条件成熟后全面开展此项业务。

但是，目前仍然有许多问题困扰着土地流转的业务。

（1）没有足够的法律依据。目前，从国家出台的相关土地流转法律法规来看，土地流转没有明确的法律制度和各种操作细则。

（2）地方政府支持不够。因为没有法律操作的明确规定，地方政府机构怕承担责任而不作为，土地流转业务发展难度较大。

（3）土地没有确权。通辽农村的土地大部分未进行确权，也就是没有集体使用权证，只有村委会与企业签订的土地承包协议，无法确定土地承包经营权是否可以实现抵押登记。

（4）缺乏中信银行内部的政策支持。从行内来看，中信总行对土地流转业务没有专门的政策规定，在政策和方案设计上均存在很大的难度。

（5）风险防控难度高。国内金融机构中只有极少的地方银行和邮政储蓄银行发放了土地流转贷款，几乎没有任何土地流转业务先例经验可以借鉴，风险防控难度非常大。

金融机构的做法

1. 从法律上积极寻找支持依据

一是根据《担保法》第 34 条的规定，可以用于抵押的土地为荒地。因此，首先必须核实该宗土地的性质是否为"五荒地"；二是此业务涉及的抵押物为土地承包经营权，应根据《农村土地承包法》及《物权法》的规定办理备案登记手续，否则不产生抵押效力。经与企业对接，确定了土地的性质为荒地，并翻阅《农村土地承包经营权流转管理办法》、《物权法》和《担保法》等有关法律资料，确定业务最基本的法律依据。

2. 多渠道争取政府机构支持

会同企业积极与当地政府分管农业的市长及有关领导多次进行洽谈、协商，政府对于中信银行能够支持农村土地流转业务表示肯定，并表示在法律允许的范围内政府愿意配合银行进行相关业务办理，最终指定由政府主管农村土地流转业务的农牧局负责此项业务。农牧局对业务进行详细核实后，对此笔业务中农村土地范围及承包内容进行了真实性确认，出具了《关于通辽余粮畜业开发有限公司以农村土地经营权作抵押贷款的函》。经确认此抵押函有效，真正实现了土地流转过程中以土地承包经营权作为融资的工具。

3. 在业务方案设计上创新

为有效防控业务风险，中信银行通过对通辽余粮畜业开发有限公司整体经营情况、生产规模及发展前景等做出详细的调查与测算，对流转土地做出了有效的评估，作为支持土地流转业务的依据。

业务的思考

通辽余粮畜业开发有限公司 100 万元土地流转贷款业务的成功落地，开辟了内蒙古自治区农牧业经济融资的新渠道，突破了长期以来农村土地不能作为抵押物的瓶颈制约，实现了土地与金融等生产要素的有效配置，稳定了农户承包权，放活了土地经营权。土地贷款虽然是以土地承包经营权为抵押进行的贷款，并由中信银行尝试开辟了农村金融土地流转的新渠道，但是，其贷款偿还来源还是通辽余粮畜业开发有限公司的经营收益，这是与依赖土地自身产出获得土地流转收益不同的。

蒙羊牧业集团的产业链融资

蒙羊牧业集团的产业链尝试

蒙羊牧业集团与农户合作建立养殖场，通过战略合作，打造"羊联体"模式，在产业链打造上进行尝试，未来将在内蒙古全区推广。未来若干年，蒙羊计划在全区战略布局六大主要羊源基地，拟实现从上游养殖、中游屠宰加工到下游产品销售的产业链式发展。华东和华南地区的羊肉价格高，蒙羊打算占领这里的市场；青海等部分地区虽然羊肉消费多，但是形成不了商品量，因为这些地区自产羊肉也多；未来打算在上海、北京、广州、深圳等地区建立分割中心，把产业链后端放在市场附近；部分羊肉产品卖到香港地区，虽然每只羊都要做检测且前期手续费用高，但利润率比国内高很多。

"羊联体"模式如下：

（1）基地（养殖户）＋农户（交易场所，不收交易费）＋公司（收羊，监控养羊过程中的质量），稳定自供羊源。

（2）银行＋担保公司保障基地建设，目前这一环比较薄弱，蒙羊自己建立了一个担保公司，但是缺少银行的介入。

（3）建设运营活畜交易市场，实行保护价收购，农牧民有钱赚，羊源不外流。

（4）将生物资产的概念植入供应链金融全程。

2014 年，蒙羊牧业集团的重要工作是获取养殖基地，蒙羊牧业集团通过与农户合作建立养殖场保证羊源。目前，政府将退 20 万亩耕地还牧，其中 10 万亩地公司将用来建立养殖基地，每亩大概是 660 元的费用，政府 8 年内将给予每亩 100 元的补贴，政府还提供了 9 000 万元的扶贫开发资金用于修建固定资产养殖舍，租给蒙羊。蒙羊将在 10 万亩地上养 3 万只羊，作为试点，然后在全区推广这种模式。未来，公司将建设 6 个总共约 100 万亩的类似基地，目前最大的问题就是这笔投资数额巨大，需要很大的资金支持，公司承受不起如此高的资金成本。2014 年，公司的资金总需求约为 3.5 亿元，其中 2 亿元为流动资金，约 1 亿元用于并购两个屠宰场，5 000 万元用于建立一个饲料厂。通过资本运作，担保公司等手段可获得 1.5 亿元的资金，大概还有 2 亿元的贷款需求，贷款需求相比于上一年增加了 8 000 万元。

中信银行的实践与观点

（1）蒙羊牧业集团产业链中下游较为成熟，但缺少上游稳定的羊源供应，公司应逐步完善上游基地的建设。目前，公司在产业链中下游具有一定的优势：拥有一流的屠宰生产线，从育肥阶段开始建立了全程质量追溯系统；产品结构不断完善，逐步调整为中高端市场的战略定位，和汉拿山等多家餐饮企业签订有销售协议，确保稳定的销售回款。

但公司在产业链的上游环节较为薄弱。目前，公司获取羊羔的方式是通过零散养殖户回收，羊源数量和质量都得不到保证；随着公司规模的不断扩大，来自外在竞争者的压力会严重影响到企业稳定的羊源供应，从而面临竞争风险。因此，公司应在继续发挥在产业链中下游环节优势的基础上，将业务重心放在向产业链上游延伸，形成公司的核心竞争优势。这一工作方向也是公司和中信银行达成的共识。

公司的养殖户比较分散，土地碎片化现象较为严重，因此，将这些土地集中化，保证羊源的稳定供应，提高当地农牧民的积极性，留住农牧民使之长期参与公司经营是一个难题。此外，全产业化养殖需要很大的资金投入，未来几年都将保持资金量少价高的局面，所以企业将会面临很高的贷款成本。农牧民通常会使用廉价的兽药，而疫病的防治标准随时会发生变化，因此公司需要提高检疫标准，这也对上游基地的建设提出了更高的要求。

（2）商业模式具有一定创新性，但目前整体缺乏核心优势。公司在育肥、屠宰、质量追溯系统的建立等方面具有一定的创新性，但整体商业模式缺乏核心优势。

公司采用物权置换的方式获取羔羊，即向农牧民免费提供改良母羊，由农牧民负责母羊的繁育工作，每只母羊需要向公司免费提供三只羔羊，从第四只开始公司以高于市场价50元的价格收购，最后羔羊统一进入标准化的育肥养殖场，进行专业化养殖。虽然企业研发了先进的信息化质量追溯系统来保证羊肉等产品质量符合行业标准，但这套系统仅仅是从育肥阶段进行质量监控，对于繁育阶段的质量公司无法控制，都是由零散的农牧民自己管理，缺乏统一的标准。从育肥阶段开始，到屠宰加工，产业模式较为成熟，但在雄厚资金实力的支持下，这类模式很容易被复制。因此，公司缺少长久的市场核心竞争力。

（3）产业链向上游延伸的具体方式需要进一步研究。产业链向上游环节拓展，需要建设大规模的养殖基地，在土地制度改革的背景下，通过确权等方式拥有土地经营权的农牧民将是支撑产业链上游的重点。目前产业链向上游环节延伸的具体操作方式可以有多种选择，对此问题尚未达成共识。目前蒙羊牧业集团在政府的支持下正在进行业务探索。

另外，通过市场化方式可以作为未来的重要方向，即农牧民通过土地的经营权入股，作为公司的股东，分享公司收益；如果农牧民愿意，还可以作为公司的员工，凭借养殖等专业技术参与公司的经营管理。此种方式的优势在于，从长远角度考虑，政府、农牧民、公司的利益能够得以平衡，长期稳定性好。这种方式下公司面临的风险可能是农牧民的自身素质导致中间过程的交易成本高，业务推进速度不可控；另外，公司面临股权让渡和利益分享，成本较高。此外，由于缺乏示范，公司需要探索建立试点模型，便于各方接受和推广。

（4）公司投资者的运作模式以及对于银行的影响需要评估。蒙羊牧业集团由财务投资者创建，商业模型较为清晰，现阶段的主要目标是在短时间内快速做大做强，争取上市，然后股东退出并获取溢价收益。这种通过上市以寻求投资者退出的运作模式，使公司的长远发展具有一定的不确定性，但对于商业银行开展业务而言也具有明显的优势：首先，公司按照较高的标准进行管理，上市对公司财务记录的严格要求，有助于确保公司管理规范，财务记录准确，极大地降低融资风险；其次，上市后公司的资本数量将会大幅提升，为贷款的偿还提供保障；再次，上市后信息披露制度将使得公司的经营管理更加规范，降低内部风险。因此，初步判断，中信银行可以支持蒙羊牧业的发展，但需要做进一步评估。

政府搭台—龙头企业唱戏—金融推动—农民参与，是产业链整合的基本模式。其中土地流转是核心的内容。蒙羊牧业思考土地流转的方式与方法与一般农牧民的思维是完全不同的，土地流转收益的来源是企业对整个产业链的掌控能力，尤其是在卖方市场的情况下，对产业链的掌控能力也就意味着市场的定价能力。

目前中信银行是蒙羊牧业最大的资金提供者，希望重点打造几个农牧企业，集中提供资金支持。未来希望蒙羊牧业等产业链打造的企业能够和中信银行保持相对稳定的合作关系，保证双方的共同发展。

绿色联盟综合体的创新模式

金融模式的创新是支持地方经济发展的重要渠道，是帮助企业突破融资"瓶颈"的重要方式，也是银行业竞争的核心资本，可以有效地提高金融机构的运作效率。为此，内蒙古的 28 家相关企业、科研院所、社会团体组成了战略联盟——"草原生态产业联盟"。经过几年的发展，该联盟从最初倾向于草原生态修复产业技术创新向技术和资金资本并重的方向转变。联盟成员也发展到 70 多家，涵盖了自治区主要农牧业工商企业，并吸纳了国家开发银行、中信银行、农业银行等金融机构以及南京农业大学、内蒙古农牧业科学院等科研院校等机构的参与，形成了技术、资金、科研为一体的产业联盟。依托于这样一个产业联盟，围绕土地流转的金融创新，以及创新的业务形式不断出现。

1. 草原生态产业联盟的立体农业协同创新

草原生态产业联盟是产业链联盟。包括：太阳能发电产业，种草养殖产业，牛羊畜牧产业。产业链共同形成联盟，与政府对接进行土地流转，减少企业与政府沟通的成本。形成产业链后，降低了各企业单独流转土地的成本，规模经济报酬增加。草原生态产业联盟以生态产业基金为纽带建立联系，相互间既可以是股东，又可以是服务商。

2. 监控融资或物流的预付款融资业务模式

在农牧业领域推广为伊利集团开发的"乳业供应链企业无担保融资"的新模式。通过伊利内部的客户关系管理（CRM）系统，全程监控伊利经销商订货、伊利组织发货、货运过程、货物出入库情况，实时监控经销商运营情况，突破了担保方式单一的局面。

3. 生物性资产抵押

中信银行呼和浩特分行积极响应中信总行全面支持内蒙古自治区现代服务业战略方针，为蒙牛乳业重要的奶源基地内蒙古犇腾牧业有限公司办理了生物性资产抵押贷款。该企业奶牛基本为进口的荷斯坦奶牛，具有可评估的特性，分行设定了合理的抵押率，并为奶牛办理了保险，创新性地为企业办理了奶牛抵押贷款，为农牧业企业融资开辟了新途径。

4. 农牧区小企业金融服务

在"三农三牧"领域，主推农牧区小企业金融服务，以商业化模式优先支持农业和粮食生产发展，并以其为核心开发"中信旅游通"、"中信绿色农业"、"中信农贷通"等特色金融产品，积极促进自治区旅游业和绿色农牧业的健康发展，将逐步授信200亿元，以打造良好的示范效应。在中小微企业领域，推出"中信成长贷"系列金融产品，以"标准化产品＋个性化定制"的方式，为小微企业提供全方位的金融服务；针对小微企业融资"短、频、急"的需求，推出"小微企业流动资金循环贷款"，在减少企业融资财务成本的同时提高融资效率；坚持"154"大中小授信客户定位，进一步扩大小微企业授信占比，2014 年中信银行拟向小企业定向贷款 8 亿元，提供消费金融 6 亿元。

若要将产业资本和金融资本留在土地流转过程中并发挥积极的作用，就要能够保护产业资本和金融资本的利益，这在中国的社会环境下显得尤为重要。在中国，资本似乎无法成为大鳄鱼。由于太过于担心资本的贪婪和掠夺，对资本设置了太多的限制，以至于资本的鳄鱼本性无法发挥作用，同时其积极的推动作用也受到了限制。因此，必须保证土地流转各个参与方的利益分配，包括产业资本与金融资本。集约化的发展似乎缺不了金融鳄鱼的存在，正是它加快了市场中所有动物的警觉性与反应能力，进而推动了整个社会的发展。

第六部分　农民的终结

　　"农民"是如此奇特的一个词汇，今天我们还能够真正理解这个词汇的含义吗？想一下吧，那个没有"农民"的世界会是什么样子！

在我国历史舞台上，农民的"农业生产者"角色已经根深蒂固，而农民股东现象的出现则意味着传统农民身份逐渐瓦解，意味着传统意义上的"农民的终结"。取而代之的角色将农业生产者、金融参与者、企业管理者融于一体，其在经济发展中的地位也将愈加重要。农民身份的转变不仅影响农业的发展，对我国经济、政治的发展也具有重要的推动作用。它将推动各级政府机构的改革；进一步解放生产力，推进城镇化进程；拉动内需，带动投资。

我国农民人数众多，农民阶层的发展和农民身份的转变必将经历一个漫长的过程，并伴随多方面的挑战。如土地流转导致的粮食供给降低，进而带来的农产品价格上涨，或许会危及中国的粮食安全；土地流转也会加重区域发展的资源荷载，包括水能和太阳能等自然资源，同时对社会其他资源，如教育、医疗、养老提出了更高的要求；土地流转依赖于农业技术创新和农业发展模式的创新，而创新能力的欠缺是农业发展的核心障碍；土地流转也对政府治理能力提出了更高的要求，在产权明晰程度不足的市场经济背景下，政府不得不同时面对粮食安全、土地农民就业、资源配置与保障等复杂的系统困难。但是，无论如何，土地流转已经是中国土地改革难以阻挡的趋势，中国农民离开土地，更好地融入中国发展的潮流中，都是历史的必然。

第 *12* 章
传统农民身份的瓦解

农业生产者的变化

中国农村常住劳动力中，与农业生产有关的劳动力约占 80%，其中常住农村但是兼业的农业劳动力占 58%。这里所说的农业兼业劳动力，是指在农业生产之外还顺带做一些建筑手工、小生意或者在家附近的工厂上班。从其收入构成来看，这些农业兼业劳动力已经不能算是真正的农业生产者了，而更像是产业工人。

未来的 10～15 年，我国农业劳动人口数量的大幅度下滑已经是必然趋势。2011 年我国农业劳动力约为 3.94 亿人，据估计，2025 年和 2030 年将分别下降到 1.19 亿人和 0.79 亿人。其中，种植业劳动力下降速度将更快，有可能从 2011 年的 3.16 亿人分别下降到 2025 年和 2030 年的 0.67 亿人和 0.32 亿人。此外，未来农村年轻劳动力比重也将迅速下降，到 2025 年 49～64 岁的农村劳动者占比可能会在 70% 左右，剩下的 30% 适龄劳动者中，还会有相当大的比重从事兼业。到 2025 年，每个男性年轻劳动力可占有耕地 180 亩左右，至 2030 年可占有约 374 亩的耕地。如此大面积的人均耕地为农业集约化经营提供了条件，农业机械化水平的上升是无疑的，而且农业产业化的水平也必然会随之上升。土地收益的方式必然更多地表现为土地规模效益，并且随着产业资本和金融资本的进入，土地收益更多地表现为农业科技进步带来的超额收益。

21 世纪以来，随着工业化、城镇化的快速推进，经济和政策的双轮驱动，必然会进一步加快农村劳动人口的转移。以户籍所在地划分农民身份的方式已经远远落后于时代的要求。户籍改革必将全面实施，政策的改革将助力人口更顺畅地转移。随着农民身份的转变，以及农业技术、产业资本、金融资本向农业的聚集，从事农业生产的人的身份也开始多样化、复杂化。在立体农业中，农民的角色已经是农业产业工人的形象，如果农民同时拥有农业企业的股份，并通过培训具有一定的产业生产技能，甚或是管理技能，那么这时的农民就已经是融农业生产者、金融参与者、农业技术人员、企业管理者于一身的现代农业生产者，传统的农民称呼似乎很难再与他们联系在一起了。

联想控股认为："在政策上，现在的发展趋势非常明确，中国的农业发展也由吃饱发展到吃好阶段。"联想控股现代农业投资总监王大为说，投资农业是联想控股的战略布局。"我们选择从水果切入。"他说，水果产业增长快，增速大，目前产业较分散，还有很大发展空间。而对于为何优先选择蓝莓和猕猴桃，

王大为说，是因为这两大品类属高端水果，"一般农户和小企业是很难打通整个产业链的"。他说，公司提出"三全模式"，通过全产业链经营提升品质；建立全程追溯系统，让消费者信任产品和品牌，目前蓝莓和猕猴桃两个品类都已实现。"再就是全球化布局。"王大为说，考虑到水果有季节性，公司目前已在南美洲收购了 5 家种植企业。"在水果领域做出品牌后，再叠加种植和养殖领域。"王大为也表示，目前公司已在农业领域投资超过 10 亿元，"我们是产业投资者，要把农业打造成新的支柱产业。"（中国乡村网）

农业生产方式的变化

现代农业的生产方式与传统农业生产方式有了巨大的差异，工厂化生产只是现代农业的一个代表。荷兰 90% 以上的农民受过中等教育，12% 的农民毕业于高等农业院校，法国 53.2% 的农民受过 2～3.15 年的职业培训。目前我国农民受过专业技能培训的不到 5%，受过农业技能培训的不到 2%。但是这样的情况在未来的 10～15 年里必将发生暴风骤雨般的改变。

中国改革开放以来，经济迅速发展。农业生产方式也呈现出跳跃式的进步。依靠土地自然增值获得收益的生产方式越来越少。传统农业中农民"面朝黄土背朝天"的景象如今已发生根本性变化。我国农作物耕种收综合机械化水平超过 60%，其中，水稻、小麦、玉米三大粮食作物的耕种收综合机械化率均超过 75%。我国小麦生产基本实现全过程机械化，水稻机械种植、收获水平分别从十年前的 6%、27%，提高到现在的 38%、81%，玉米机收水平从 2%提高到 55%。土地集约化生产通过土地规模效益获得土地增值的方式已经是目前中国农业生产方式的重点，国家在一系列文件中也不断地强调要改变农业生产方式。

产业资本注入农业，将加快农业生产方式的科学化、精细化，进而加速行业的优胜劣汰，提升行业的集中度。以规模化进程较快的畜禽养殖为例，随着粮食生产规模化程度大幅提升以及土地市场不断健全，产业链融合的情况也会在种植业中慢慢铺开。

农业生产者经济地位的变化

中国传统的小农模式在中国农业发展历史上具有重要的地位，它决定了中国农民的生活方式，并影响着民族性格。新中国成立以来，我国经济发展的历史过程呈现出这样一个规律性现象：农业发展顺利，增长速度快，整个国民经济的发展就快；反之，农业生产出现倒退，就会给国民经济和人民生活带来严重损害。正是基于这样的经验总结，加强农业的基础地位是我国历来重视的内容。但是重视农业的基础地位，并不意味着农业在经济发展中起到了应有的作用，或者说，农业生产者获得了应有的尊重，取得了应有的经济地位。中国的二元经济结构，无疑抑制了农业的发展，农业仅仅作为贸易和轻重工业的原料提供者，并没有在产业链的构成中扮演更为关键的角色和发挥更为积极的作用。

随着土地流转的真正开始，在三权分立是土地体制改革的大方向情形下，经营权将独立地发挥作用。就目前中国土地流转的现实而言，其意义在于其行使主体范围远远大于承包权主体。一方面，这意味着农业生产者身份的变化。另一方面，承包权的取得有严格的条件限制，而对经营权主体资格的限制则要少得多。这对于在更大范围内优化配置耕地资源、提高农业生产绩效具有更为重大的意义，是通过土地制度创新实现多元经营的基本前提与必然选择。

但是我们必须认识到，经营权只有在工业化及城镇化快速发展、农业劳动力大量转移并且逐步市民化、承包权与经营权分离的情况下，才能独立发挥作用。农业生产者、金融参与者、企业管理者融于一体，在经济发展中的地位也将愈加重要。一是有利于发展现代农业，提高土地、劳动力和资源利用效率，提升农业综合生产能力、竞争力和可持续发展能力；二是有利于最大限度地提高商品农产品的生产率，延伸农业产业链条；三是有利于培育和发展家庭农场、合作组织和农业企业等新型主体；四是有利于培育新型职业农民。在新的时代中，农业生产者的形象应该是完全不同的，并已经开始慢慢地呈现出新的特征。笨重、迟钝、落后的农民形象，必然被充满活力、创新迭出、产业资本和金融资本不断冲击和洗涤的新产业从业者形象所替代。

第 13 章

农民成为股东的影响

从经济角度讲，一国经济是有机的整体，农民是经济的重要参与方之一，农民参与经济的方式发生转变将带来整个经济体的重新调整。从政治角度讲，农民自始至终都是执政的基础和支持社会主义政权建设的中坚力量，是现代社会的"稳定器"，农民社会阶层的分化与转变将对国家政治环境和社会稳定产生冲击。从文化角度讲，农民职能的变化对农民自身素质带来一定影响，进而反作用于政治和经济。因此，农民向"农民股东"的转变不仅是农民阶层的转型，它将牵一发而动全身地影响社会整体的运转。

推进城乡二元经济结构的转型

经济学家指出，发展中国家的经济结构一般具有二元性特征，即现代城市部门与传统的乡村农业部门并存，并据此形成了二元经济结构发展模型，以解释经济发展过程中的城乡、工农关系及二元经济向一元经济的转换问题。所谓"二元经济"主要指发展中国家在实现产业结构转换和工业化的过程中，由于部门间生产函数与劳动生产率的差异、区域之间或区域内经济发展的不平衡等原因，导致经济性两极分化现象，即现代经济部门与传统经济部门之间的对立与互动现象。在二元经济结构下，庞大的生产率低的传统部门最终会对生产率较高的现代部门的发展形成严重掣肘并延滞产业结构升级，带来要素配置不合理、有效需求不足、收入分配不公等问题，最终阻碍经济发展和进步。二元经济结构往往伴随在一国经济发展过程之中，消失于国民经济实现现代化之时，它的形成与一国在经济发展初期所实施的经济发展战略、人口政策、经济起步环境相关，在某种程度上具有必然性，而对二元经济结构的探索也落脚在如何消除经济体中的二元结构现象上。[①]

我国二元结构主要表现为城乡二元经济，二元的差异与我国经济政策有重要的联系。新中国成立初期，为实现新中国"赶超战略"，工业特别是重工业的发展成为国家发展的战略手段，在经济基础相对薄弱的时期，发展工业意味着更多的资源由农业转移到工业，国家对农产品进行指令性定价和指令性征购，农民被迫低价出售农产品、高价购买工业品，形成农业反哺工业的"工农业产品价格剪刀差"，我国城乡二元结构体制逐渐成为当时中国计划经济的基础。此外，城乡户籍制度的严格管理使得劳动力从相对受损的农村地区向受益的城市地区自由转移困难，城乡分割进一步加剧。尽管农业对工业的强制补贴以及强制阻碍劳动力转移促进了工业的发展，但却阻碍了城市化的进程，工业化与城市化建设背

---

① 参见夏耕：《中国城乡二元经济结构转换研究》，北京，北京大学出版社，2005。

道而驰。

改革开放后，城乡二元结构迎来了转型时期，完全由政府指令控制的城乡关系开始转向通过市场调节。但由于城乡二元结构体制根深蒂固，农业支持工业、乡村支持城市的趋势并未发生改变，支持的形式由工农业产品价格剪刀差转为劳动力方式，农民工的存在使得工业、外贸等获得低廉的人工成本，为我国经济建设做出了很大的贡献。[①] 即便我国工业在利用农村劳动力的基础上实现了低成本扩张，工业的发展仍未能带动农业发展，农民积累的财富以及获得的社会保障远远低于城市居民。这种长期不均衡的发展形成了城乡差异大、城乡矛盾尖锐、个别农村群体生活无保障、农村技术与信息化发展严重不足等弊端。

随着土地集约化、农业现代化生产趋势的到来，农业潜在的巨大价值将逐渐得到挖掘，土地作为一种稀缺资源将逐渐进入市场交易中，这对于缓解我国二元经济的矛盾将起着重要的推动作用。首先，农民的地位将得到提升，农村与城市中"人"的差距将进一步缩小。过去农民参与市场活动的资源禀赋仅仅是劳动力，而一旦土地的市场价值得到发挥后，农民的市场地位将得到提升，过去背井离乡辛勤工作却仅获得微薄收入的情况将得到缓解。农民以更多的形式参与农业生产，甚至逐渐向农业企业管理者身份转变，自身素质的提升也将带来社会地位的提高。其次，农业补贴工业的机制将逐渐瓦解，农业将进入新的发展阶段。在工业发展疲软时期，农业生产技术的提高、规模生产的实现将吸引有效资金、技术的渗入，工业的挤出效应将得到缓解，农业将迎来宝贵的发展契机。因此，只有把握契机，提高农民的市场地位，提高农业的发展速度，才能平衡农业与工业的矛盾，缓解农村与城市的二元不平衡现象，

---

① 参见陆锦周：《中国二元经济结构与城乡统筹发展研究》，华中科技大学博士学位论文，2012。

在技术进步的基础上实现城乡劳动力和资本的流动，顺利度过二元经济的转型时期。

进一步解放生产力，推动城镇化进程

城镇化发展是生产力社会化发展所要求的经济社会现象，是现代化文明社会的基本标志，也是工业社会开始后的重要趋势。城镇化作为城乡产业融合过程，是随着生产力的发展而不断深化的，一般而言，生产力水平越高、产业转型发展越快的国家，城镇化发展越快。当今世界，发达国家城镇化水平很高，城镇化速度放慢，而发展中国家正处于经济起飞期，城镇化的速度不断加快，我国就是典型的城镇化快速发展地区。截至 2013 年末，我国城镇人口已达 7.3 亿人，占总人口的比重为53.73%，城镇人口比重呈现不断增长的趋势（见图 13—1）。

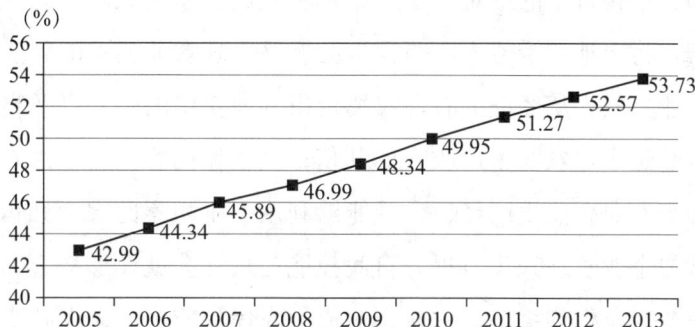

图 13—1　我国城镇人口比重趋势图

资料来源：国家统计局网站。

城镇化是一个动态过程，伴随着城市地域的扩大，以及就业结构和产业结构的调整，是空间结构的动态重组。我国农村人口众多，城镇化进程中面对的主要困难来自农村方面。首先，我国农村人口基数庞大，剩余劳动力转移压力大。在城市，就业需求更倾向于专业人才，非农企业、城镇就业空间有限，而农民的知识结构单一使得农民进城后面对巨大的就业压力，部分农民进城等于失业，导致城市流动人口、无业人口增加，进而增加了社会不安定因素。这是城镇化矛盾的具体体现之一。其次，城镇化资金缺口巨大，不引入市场、仅靠政府的力量很难提高城镇化速度。"十一五"期间，我国平均每年人口城镇化率提高一个百分点以上，则城市每年新增人口 1 400 万人以上，整个城市建设年均需要8 400亿元以上，仅城市基础设施建设就年均需要投入资金3 000亿元以上，五年城市建设资金投入总额达42 000亿元以上。① 根据国家开发银行的估计，2014—2016 年我国城镇化融资需求将达 25 万亿元。② 仅凭财政的力量无法给予这样庞大的资金支持，必须结合市场资金的引入、产业的升级、技术的提高才能完成这项浩大的工程。此外，不断增加的土地需求、城乡制度壁垒等也是伴随城镇化进程的诸多问题。

伴随城镇化带来的困难，土地流转和农民股东现象顺势出现。对于农民而言，将土地转予他人，并且自己能够实现农业相关的就业是较为理想的就业方式。从经济上看，农民转租土地获得的收入以及自己就业的收入可能是小户农业生产收入的几倍；从工作内容上看，以农民股东的方式参与农业企业生产经营，既能够利用一生积累的农业知识，又能够逐渐学习企业管理知识，提升自我技能；从社会就业形势上看，失地农民的失业现象得到缓解，农业企业成为农民的归宿，大大减少了城镇化中来自失地农民的不稳定因素。对于农村而言，集体参与企业运营使传统的村民关系有所改变，在传统的村长等行政关系外引入了企业的商

① 参见肖万春：《中国农村城镇化问题研究》，中共中央党校博士学位论文，2005。
② 参见新华网，http://news.xinhuanet.com/fortune/2013-12/15/c_125860797.htm。

业关系，有助于减少农村与城市的差异。对于整个农业而言，土地大面积使用、农业规模化生产和企业化管理将直接带来生产力的提高，促进农业的市场化进程，有利于引入先进的农业技术，实现高效种植；有利于吸引市场资本的流入，缓解城镇化进程中政府的资金压力，促进城镇化建设进程。因此，土地流转和农民股东等现象是城镇化的推动力，有助于农民自身在城镇化进程中寻找新的定位，减少来自失地农民的不稳定因素；有助于吸引外来资金，促进新农村和城镇化建设；有利于提高农业生产效率，建立有序、健康的现代农业经济。

拉动内需，带动投资

资金来源的多元化是农业现代化发展的必要条件，发达国家的农业发展在很大程度上得益于本国完备的农业投融资机制。在美国，农业投融资以政府为主导、以市场为基础、多种途径综合运用，尤其是农业金融市场的发达为美国农业提供了坚实的资金基础。法国设有专门的农业政策性金融机构——国家农业信贷金库，接受经济与财政部、农业部的双重领导，为农村经济发展提供支持，对符合政策要求的农业项目实行低息、贴息政策，农村投资实行税收补贴等优惠。又如日本重视利用利息和价格等手段来调控农业投资，通过制定多项农业政策鼓励农村投资。[1]　总之，宏观引导、农业补偿及农村金融体系建设已成为发达国家发展农业的重要经验。

改革开放以后，我国农业投资主体逐渐由"政府加农村集体"的

---

[1]　参见申秀清、修长柏：《发达国家农业现代化资金来源多元化对我国的启示》，载《农业现代化研究》，2012 (1)。

二元主体转变为"政府、农户、集体、企业"的多元主体。目前我国政府对农业的支持较为稳定，近年来集中在财政收入的7%～10%，但与农业产出相比较而言，财政对农业的投入并不多（如表13—1和图13—2所示），且财政资金的使用需要付出较高的管理成本，效率并不高。从企业角度看，尽管近年来国家出台了一系列支持农业企业发展的政策，但传统农业投资的前景并不乐观：农业是个"靠天吃饭"的行业，环境因素和气候因素对农产品的制约较大，价格波动明显；投资资金体量大、需要全产业链控制、周期过长以及利润率过低等种种原因，导致农业对投资的吸引力不强，这也成为农业发展的制约因素之一。

表 13—1　　　　　　　　　我国各年农业支出及其占财政支出比例

年份	农业支出（亿元）	农业支出占财政支出比例（%）	年份	农业支出（亿元）	农业支出占财政支出比例（%）
1978	150.66	13.43	2001	1 456.73	7.71
1980	149.95	12.20	2002	1 580.76	7.17
1985	153.62	7.66	2003	1 754.45	7.12
1990	307.84	9.98	2004	2 337.63	9.67
1991	347.57	10.26	2005	2 450.31	7.22
1992	376.02	10.05	2006	3 172.97	7.85
1993	440.45	9.49	2007	4 318.3	8.67
1994	532.98	9.20	2008	5 955.5	9.51
1995	574.93	8.43	2009	7 253.1	9.51
1996	700.43	8.82	2010	8 579.7	9.55
1997	766.39	8.30	2011	10 408.6	9.53

续前表

年份	农业支出（亿元）	农业支出占财政支出比例（%）	年份	农业支出（亿元）	农业支出占财政支出比例（%）
1998	1 154.76	10.69	2012	12 286.6	9.75
1999	1 085.76	8.23	2013	13 349.55	9.52
2000	1 231.54	7.75	2014	14 173.83	9.34

资料来源：《中国统计年鉴》，《中国农村统计年鉴》。

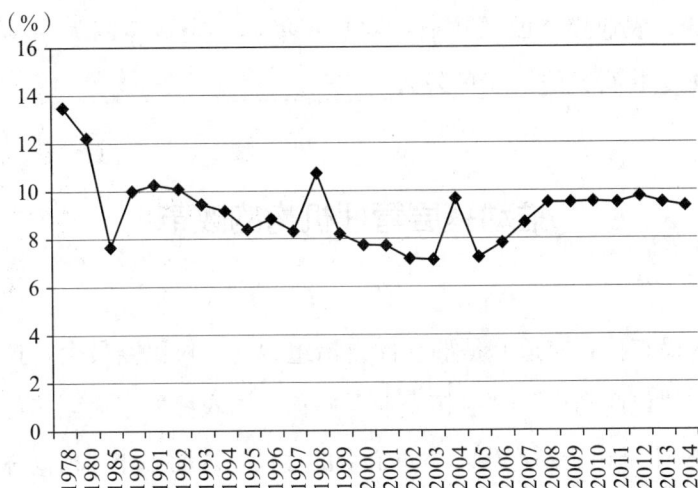

图 13—2　农业支出占财政支出的比例

资料来源：《中国统计年鉴》。

　　农业的转型也许是解决农业融资难、投资不足问题的最有效途径。在资金需求方面，集约化生产所产生的投资需求远大于小规模家庭联产式生产。在资本增值方面，农业规模生产、专业管理降低了农业生产的风险，土地流转本身产生了巨大的增值潜力，这些都使得资金的回报率与过去相比大大提高。土地流转是土地逐渐市场化的体现，是农业进一步借助市场实现快速发展的契机，市场化的过程能够逐步吸引来自市场的投资。此外，农民、村集体的身份也有所转变，由单纯的生产者逐渐转变为某些环节的管理者，自身生产积极性得到提高，因而村集体的投入将不断增加，农户的主体地位进一步加强。总的来说，土地流转、农民股东从市场的角度拉动了农业资金需求，带动了企业和集体对农业的资金投入，强化了农户的管理身份和主体意识。由于财政投入需要经过层层划拨与审批，资金使用效率较低，而来自市场的资金具有天然逐利性质，这一点为农业带来了机遇与压力，迫使农业企业不断提高经营效率以获得更大规模的投资，农民、村集体的地位将逐渐凸显。因此，农业投资的"政府、农户、集体、企业"四大主体中，后三者的力量将得到进一步的发挥。

推动基层管理机构的改革

与村民直接打交道的是群众性自治组织——村民委员会，这种管理模式是与"包产到户"、"乡镇企业"并称中国农民的三大创造的"村民自治"。村干部由选举产生，肩负群众的信任，因而工作热情高涨，态度积极；村民有事先找村委会，让村委会帮着拿主意，是解决生活困难的一种途径。这种非行政的管理分担了乡镇政府的管理压力，在村民与政府机构之间建立了沟通的桥梁。但在实际运作中，村民自治也出现了不可避免的问题，例如村干部管理行政化，个别地区出现争夺权力、攫取资源等情况，使得村民在自治过程中处于劣势地位，违背了村委会服务于村民的本质。

随着土地流转趋势的到来，村民与村委会之间的博弈关系也受到了影响。尽管个别地区存在村委会为了私利强制流转的现象，多数地区的土地流转趋势促进了二者关系的融合。尤其是在村办企业或乡镇企业中，村民与村委会的关系不仅仅是传统的村民自治关系，二者合并为一个利益整体，农民的土地使用权与村集体的管理能力相互配合，一方的不合作就可能导致企业的失败。这种建立在利益一致基础上的商业关系逐渐渗入传统农村关系，推进了村民与村委会的合作，增强了农民在村民自治中的地位，减少了农民与村集体的矛盾。

土地集约化不仅对农村内部关系带来了改变，更重要的是将引起基层行政机构的变革。在农业逐渐企业化生产的时代，引导新环境下土地的流动、解决土地流动中的矛盾、提高农民对土地入股的认识、帮助农业企业的发展等，都是当地基层政府亟待解决的问题，而机构设置是否合理有效，与能否做好这一工作，能否为农村、农民、农业战略转型提供机构和制度支持有直接的关系。政府需要发挥其社会管理职能和公共服务职能，改革相应部门，组建土地流转服务体系，包括建立土地流转管理机构、土地流转登记机构、金融信托管理平台、农业企业登记管理机构、农民维权平台等，这对乡镇等基层政府的服务能力是一项挑战。对于政府的要求，不再是过去综合管理的"大政府"，而是要向服务型"小政府"转变，调整基层机构，精简无关部门，对农业相关部门进一步整合，做到组织扁平化、集中化设计，最终形成"小政府、大服务"的目标，成为服务农业发展的可靠后盾。

农民观念的转变

农民做股东，带来的最深远的改变是农民自身的变革。历史上，我国一直是农业大国，农业带来的物质保障使得古代人极其重视农业生产。随着祖祖辈辈的积累，小农思想逐渐渗入到大部分中国人的深层意识形态中。小农思想有其优点，例如务实、把握当下、辛勤耕耘、不辞劳苦等等，但其故步自封、怕担风险、缺乏长远考虑等缺点已经不适应当今多变的环境。农民参与土地流转，是农民固守"一亩三分地"思想的转变，表明其意识到集约化生产与家庭生产的效率差异。农民转出土地之后，部分农民成为企业的员工或股东，其身份的转变将逐渐推动思想的变革，农民不得不为自己的选择进行长远的规划和考虑，也逐渐意识到风险和收益相对等。这种思想在传统的家庭式农业生产中是很难形成的。还有部分农民开始进城务工，尽管目前我国在城乡制度方面仍存在缺陷，务工农民缺乏一定的社会保障，但与日复一日的面朝黄土背朝天的生活相比，城市生活有助于增长其见闻，拓宽其视野，使农民认识到遵守社会规范的必要性，打破"小富即安"的传统意识，迫使农民学习更多的生存技能。个别农民或农民集体借此机会开创农业企业，能够利用自身优势和现有资源，借助市场的力量创造财富，从而克服了传统农民对风险的恐惧和对失败的担忧。

总之，土地流转带来的革命和农民股东等形式的身份转变对农民的思想变化是积极而有益的。尽管积累了几千年的小农思想很难在短时间内改变，但在商业思维和市场机制的冲击下，农民开始睁眼看世界，开始细心观察周围环境的变化，并希望能够做出积极的改变。这对过去墨守成规的农民而言是不小的进步，也意味着农民正朝着除旧布新、把握机遇、开放心态的方向转变。

第 *14* 章
农民股东带来的挑战

农民股东现象是随着土地流转的兴起在近几年逐渐出现的，其产生具有一定的必要性和合理性，对农民、农村、农业的发展具有积极作用。然而，在整个经济系统下，新兴事物的产生和发展将对整体产生多方面的影响，农民股东机制的建设和完善还要面对诸多挑战。

粮食安全问题

随着土地流转面积的增加，用于种粮的土地面积逐年下降，部分流转的土地用于开发效益较高的经济作物或发展休闲农业，耕地"非粮化"、"非农化"趋势逐渐形成。例如，截至 2013 年底，四川省流转用于种植粮食作物的耕地面积为 443.3 万亩，占流转总面积的 32.6%，农地流转后的种粮率正逐年下降，全省 2010 年、2011 年和 2012 年的比例分别为 41.2％、39.0％和 35.7％。河南省的农村土地流转数据显示，截至 2013 年底，70％的耕地流转给了经营大户，而土地经营大户的"非粮"比例从 2010 年的 43.7％上升至目前的 60％，一般农户流转土地的"非粮"比例也已经高达 40％。而即使是位于粮食主产地区的安徽芜湖，也有接近四分之一的耕地未用于粮食种植。耕地种粮比例每况愈下的同时，土地流转规模却在"飞速前进"。据农业部统计，截至 2013 年底，全国承包耕地流转面积 3.4 亿亩，是 2008 年底的 3.1 倍，流转比例达到 26％，比 2008 年底提高了 17.1 个百分点。[①]

　　尽管农地非农用的趋势被暂时控制在一定范围内，我国目前耕地面积没有突破 18 亿亩红线，但若长期高比例"粮地不粮用"成为一种常态，我国粮食安全将成为一个重要问题。目前我国已成为粮食净进口国（见表 14—1），导致净进口的原因很复杂，其中最重要的两个原因是：本土粮食成本过高和产量相对不足。我国大部分地区粮食种植依赖于家庭式生产，生产效率低于规模化生产，加上通货膨胀，近年来劳动力、农药、种子等价格上升导致成本升高，使得我国粮食在国际市场上并不具有价格竞争力。此外，不断增长的人口和饮食结构的变化导致粮食需求呈刚性增长态势，进口粮食可以满足不断增长的粮食需求。适度进口粮食是有效利用国际资源的方式，但若进口数量过多，则会形成对世界农产品市场的依赖。我国是人口大国，粮食问题关系着 13 亿多人的生计，过于依赖世界市场不仅对世界市场产生扰动，而且可能在国际交往中处于受控制的被动局面。同时，国内粮价的上升、种粮者失业也将导致社会不安定因素增加。我国一直将粮食

---

　　① 参见林远、姜刚、白田田：《粮地不粮用威胁粮食安全》，载《经济参考报》，2014 - 07 - 03。

安全放在国家战略的高度，中央"一号文件"从 2004 年至今已连续 13 年关注"三农"问题，2014 年的中央"一号文件"《关于全面深化农村改革加快推进农业现代化的若干意见》更是强调"把饭碗牢牢端在自己手上，是治国理政必须长期坚持的基本方针"。因此，在土地"非粮化"流转现象尚处于可控阶段时应加以及时有效地规划和管理，严格控制农地转非农用地等不可逆转的大面积土地流转，切实保护国家粮食安全，维护社会稳定。

表 14—1　　　　　　　历年主要粮食作物进出口表（万吨）

	2003	2004	2005	2006	2007	2008	2009	2010	2011	2012
谷物及谷物粉进口数量	208	974	627	358	155	154	315	571	545	1 398
谷物及谷物粉出口数量	2 194	473	1 014	605	986	181	132	120	116	96
谷物及谷物粉净进口数量	−1 986	501	−387	−247	−831	−27	183	451	429	1 302
稻谷和大米进口数量	26	76	52	73	49	33	36	38.8	59.8	236.9
稻谷和大米出口数量	262	91	69	124	134	97	79	62	51.6	27.9
稻谷和大米净进口数量	−236	−15	−17	−51	−85	−64	−43	−23.2	8.2	208.9
小麦进口数量	45	726	354	61	10	4.3	90	123.1	125.8	370.1

资料来源：国家统计局网站。

区域发展的资源载荷

流转后的土地能够实现规模化、集约化生产，生产效率的大幅提高为土地流入方、流出方带来了大量利益。然而，对于流转的土地，无论是企业还是个人仅拥有土地使用权，参与流转各方很少考虑土地使用权到期之后将如何安排，从而导致在土地的有限使用期内存在短视行为，例如对土地进行高强度的开发，或几家企业联合使用土地，种植损伤土地肥力的经济作物或施用大量农药，不注意土地养护和修整，使得土地肥力日趋下降。通常土地流转合同只考虑土地转出和转入的时间、面积，对土地的肥沃程度无法做出具体规定，使得土地使用者不需要为其短期行为付出代价，变相促进了土地过度采发。此外，一味追求农业效率的提高容易忽视当地环境的承载力，如过度放牧、过度开采水资源、引入新生物破坏当地生态平衡、随意排放废弃物污染环境等。由于环境一旦破坏很难恢复，对土地的高效开发可能导致付出环境代价换来短期经济发展的老路，最终导致环境破坏与长远利益受损。

同时，对于社会资源而言，土地的集中带来了人口的集中，而后者则意味着要解决上学、就业、医疗、养老等资源分配问题。如果不在人口集中之前完成配套社会福利设施建设，就会导致社会资源不足，因而带来就业压力大、上学难、就医难、养老难等社会问题，与"农民利用土地流转增加收入"的初衷相违背。久而久之，人才留不下、人口不集中，流转带来的矛盾尖锐，农业生产的不稳定性大大提高。

土地流转是一个系统工程，流转之后的农业发展、人口安置都要限定在当地环境、社会资源的载荷量以下，否则就会导致环境或社会的失衡。在生态环境方面，以牺牲资源为代价的发展只是短时间、少部分人的发展，从长远来看，只有发展生态农业、循环经济，追求二者的平衡，才能实现经济发展的可持续性，收获长远利益。在社会环境方面，在追求经济发展的同时，要扩展配套社会福利建设，满足当地人口的基本生活要求，才能保证农业产业留得住人、发展下去。这就要求当地政府或主管部门在环境管理方面要进行及时的指导和监督，在项目审批上严格把关，注重项目的环境影响评价，采取激励措施鼓励生态农业的发展，制定当地规章制度限制资源过度使用等行为；在社会资源建设方面要利用财政收入为当地百姓做实事、做好事，加强医疗卫生建设和教育投入，增加社会福利产品的供给，为集中的居民营造良好的社会环境、生活环境。

农业技术的创新

土地流转的最大优势是集中土地实现规模化生产，提高作业效率。然而生产效率提高的基础之一则是农业技术的跟进。与发达国家相比，我国农业现代化水平有待提高，表现之一是实际生产中农业科技的欠缺。科技是农业发展的第一推动力，没有科技的支持，土地集中无法带来效率的提升。因此，土地流转也是一场农业技术的比赛，能获取先进技术的企业就能获得低成本、高收益、高产量的优势，在市场价格、市场规模方面抢占先机，从而增强企业竞争力。

农业技术的使用和创新对三个平台提出了挑战。第一个平台即科研平台，主要分布在各大农业高校、科研院所等，借助自身科研优势，推进农业技术的创新，为农业生产力的提高做出贡献。第二个平台即技术引进平台，即将先进的技术从实验室引用到农田，进行实际的生产。这个平台是科学研究者与企业的对接点，需要科研机构与企业建立即时的信息沟通机制，增强科学技术向生产力的转化率。第三个平台即人才培养及引进平台。家庭生产时期的耕作是以农民经验为基础的，对农业专业人才的需求并不高，而当实现集约化生产时，农业企业在进行大面积耕种时需要大量专业人才，以实现种植专业化、技术化，从而获得高效率。这种人才缺口使得人才培养与引进成为发展农业亟待解决的问题。

政府的管理能力

目前我国土地流转市场不健全，缺乏相关法律法规，并且土地是农民的生命线，涉及农民的根本利益，一旦农民利益受损，容易导致群体性冲突，造成不良后果。这对政府的管理能力是一项挑战。

首先，对于土地流转过程，政府要贯彻我国法律和政策对于土地流转的规定，并依据当地习惯制定相应的制度以规范流转流程。这就要求政府放开过去对土地的掌控权，允许市场介入土地流转定价，引导当地农民对于土地流转的参与意识，并建立土地信息传递平台以促进土地流转。

其次，政府担负着对流转过程的登记、监督等职责，保护土地流转中农民的利益，监督和控制流转中的破坏环境、农地非农用等不良行为。流转参与方的短期获利行为可能会对当地农民利益、生态环境等造成负面影响，而其中多数行为只有通过行政干预予以处理和惩戒，才能有效防止流转过程中的短期行为和利益分配不均，减少土地流转的社会冲突和环境代价，为当地农业的可持续发展提供保障。

　　最后，政府在社保建设及社会配套设施建设方面需要做出进一步的努力。农民如果不能得到较好的安置或合适的保障，将有可能减少土地流转的意愿，或在土地流转后失去收入来源，生活更加窘困。政府有责任协助或督促企业建立健全社保机制，增加人口集中区的医疗卫生教育体系建设，为土地流转提供坚实的保障。

　　目前，部分地区基层政府在引导当地土地流转方面做了切实有效的工作，当地流转也取得了卓有成效的收获。但仍然有个别地区政府存在缺乏管理和监督、利用行政命令强制流转、与企业进行内幕交易等不良行为，在土地流转实践中还需要加以自我约束和修正，将自己的责任与当地百姓的福祉相联系，为当地百姓做好服务。

农民的利益保护

　　农民利益的保护问题依旧是土地流转伴随的最大隐患。土地流转是一个蛋糕分配过程，参与分配蛋糕的各方都想把自己的份额扩大，然而，无论是从资源角度来看还是从知识角度来看，农民都不具备争夺蛋糕的能力。在实际流转中，农民的权利受到侵犯的现象屡屡发生，例如基层政府利用行政权力迫使农民参与土地流转，发包方压低土地流转价格，或进行内幕交易，农民将土地转出后无法得到生活保障等等。

　　上述问题出现的根本原因在于对利益的争夺，但实际上，农民才是土地流转的主体，土地经营权属于农民，不经农户同意，任何集体无权以任何借口拿土地流转。在城镇化过程中，我国农村在不断被掏空，壮劳力进城务工，弱势群体留守务农，无论是农民工还是留守农民，其地位都没有得到认可和提高，农民的权利并未得到充分的重视。

例如，农民不具备在城市安家落户的权利，农民享受社会福利的权利没有很好地贯彻实施。在如此境况下，土地成为农民"最后的保障"，在将土地推入市场的土地流转中，如果连农民最后的保障都强行夺走，可能很多农民将终生面对贫困、疾病等难题，收入差距将进一步拉大，社会不稳定因素将不断增加。因此，在土地流转过程中加强对农民利益的保护不仅能为农民阶层提供保障，而且能为整个社会的稳定和持续发展提供保障。完全依赖市场的力量只能将土地流转变为财团、资本吞并土地的战场，只有借助行政手段对农民利益予以保护才能实现土地的健康流转。

土地流转的未来

土地流转是生产力发展到一定水平的必然结果，是农业规模化生产、农村城镇化发展的必然要求。在我国，土地流转刚刚兴起，农民、村集体、地方政府、承包大户或企业、第三方服务机构纷纷参与其中，希望把握机遇获取流转收益。目前，土地流转已经在全国各地如火如荼地开展，且根据各地习俗不同形成了多样化的流转模式和利益分配方式，这样的趋势带动了城乡二元经济转型、城镇化发展、农业投资的增加、基层管理机构的转变和农民观念的转变，对我国经济、政治、文化的发展具有重要意义。然而，我国土地流转缺乏相关的法律法规，实际流转中也出现了诸多问题，如土地大面积转为非农用地带来了粮食安全问题，土地过度使用和人口快速集中带来了资源承受力的负担，农业技术的创新和使用存在挑战，政府管理能力有待于进一步提高，农民利益受到侵犯等。土地流转顺应了社会和生产力的发展要求，在农民、政府、企业和金融机构的共同努力下，土地流转必定会形成较为完善的系统和机制，为未来农业的发展提供基础，为农民生活水平的提高提供契机。

土地流转的最终结果将是传统意义上的农民不再存在。我们知道这样的路会很长，是一个缓慢的过程，但是放到历史的长河中去看，也不过是白驹过隙的一瞬罢了。

参考文献

［1］曹建华，王红英，黄小梅. 农村土地流转的供求意愿及其流转效率的评价研究［J］. 中国土地科学，2007（10）.

［2］陈利冬. 发达国家或地区的农地流转制度及其启示与借鉴［J］. 南方农村，2009（2）.

［3］杜润生. 杜润生自述：中国农村体制变革重大决策纪实［M］. 北京：人民出版社，2005.

［4］费孝通. 乡土中国［M］. 北京：北京大学出版社，1998.

［5］干锦清，严金明，夏方舟. 中国农村土地流转中介组织研究：交易费用的降低与影响因素的确认——以浙江省余姚市、江西省南昌县为例［J］. 安徽农业科学，2012（34）.

［6］国家统计局国民经济综合统计司. 新中国六十年统计资料汇编［M］. 北京：中国统计出

版社，2009.

[7] 何干强. 两种思想体系的产权理论比较 [J].上海财经大学学报，2005，7 (5).

[8] 何国俊，徐冲. 城郊农户土地流转意愿分析——基于北京郊区6村的实证研究 [J]. 经济科学，2007 (5).

[9] 黄仁伟. 美国西部土地关系的演进——兼论"美国式道路"的意义 [M]. 上海：上海社会科学院出版社，1993.

[10] 江秋明. 法国四十年的土地政策 [M]. 北京：农业出版社，1991.

[11] 贾雪池. 转轨时期中俄农地产权制度比较研究 [D]. 哈尔滨：东北林业大学，2006.

[12] 冀县卿. 改革开放后中国农地产权结构变迁与制度绩效：理论与实证分析 [M]. 北京：中国农业出版社，2011.

[13] 金正夫. 对农地租赁制的调查研究 [M]. 韩国农村经济研究院，1986.

[14] 栗林. 内蒙古鄂尔多斯市农村牧区土地（草场）承包经营权流转问题探究 [J]. 畜牧与饲料科学，2009 (03).

[15] 李长健，梁菊，杨婵. 博弈视角下农地流转与农民利益保障机制探析 [J]. 25 (4).

[16] 林远，姜刚，白田田. 粮地不粮用威胁粮食安全 [N].经济参考报，2014－07－03.

[17] 刘汉威，夏亚华，梅福林. 下阶段我国农村土地流转状况的实证分析与政策建议 [J]. 商业研究，2006 (20).

[18] 刘健，郭立，丛峰. "农地入股"的重庆标本 [J].《瞭望》新闻周刊，2007 (48).

[19] 刘守英. 土地流转的四种形式 [J]. 时事报告, 2009 (1).

[20] 刘志仁. 农村土地保护的信托机制研究 [D]. 长沙: 中南大学, 2007.

[21] 陆锦周. 中国二元经济结构与城乡统筹发展研究 [D]. 武汉: 华中科技大学, 2012.

[22] 吕厚磊. 我国农村土地流转融资问题研究 [D]. 成都: 西南财经大学, 2013.

[23] 梅琳. 我国农村土地流转模式研究 [D]. 福州: 福建师范大学, 2011.

[24] 秦明周, Richard H. Jackson. 美国的土地利用与管制 [M]. 北京: 科学出版社, 2004.

[25] 沙咏梅. 内蒙古发展现代农业中的土地流转问题研究 [J]. 中国农业信息, 2013 (11).

[26] 商春荣, 王冰. 农村集体土地产权制度与土地流转 [J]. 华南农业大学学报 (社会科学版), 2004 (02).

[27] 沈汉. 英国土地制度史 [M]. 上海: 学林出版社, 2005.

[28] 申秀清, 修长柏. 发达国家农业现代化资金来源多元化对我国的启示 [J]. 农业现代化研究, 2012 (1).

[29] 盛洪, 沈开举. 土地制度研究 [M]. 北京: 知识产权出版社, 2012.

[30] 司建平. 浅谈内蒙古巴彦淖尔市土地流转发展适度规模经营 [J]. 管理观察, 2009 (13).

[31] 汪先平. 当代日本农村土地制度变迁及其启示 [J]. 中国农村经济, 2008 (10).

[32] 温修春, 何芳. 不同治理模式下的我国农村土地流转利益均衡

分配——基于"中介组织"视角 [J]. 软科学，2012 (09).

[33] 夏耕. 中国城乡二元经济结构转换研究 [M]. 北京：北京大学出版社，2005.

[34] 肖万春. 中国农村城镇化问题研究 [D]. 北京：中共中央党校，2005.

[35] 新华网. http：//news. xinhuanet. com/fortune/2013－12/15/c_125860797. htm.

[36] 杨顺湘. 创造欠发达地区普适价值的农村土地流转新机制 [J].理论月刊，2009 (4).

[37] 于红梅. 内蒙古耕地流转对农村养老保障的影响——以通辽市为视角 [J]. 内蒙古农业大学学报（社会科学版），2011 (04).

[38] 乐章. 农民土地流转意愿及解释——基于十省份千户农民调查数据的实证分析 [J]. 农业经济问题，2012 (2).

[39] 赵国玲. 内蒙古农地流转现状及存在的问题 [J]. 经济论坛，2012 (3).

[40] 赵笑寒. 农户土地入股意愿的影响因素分析——以江苏省调研实证为视角 [J]. 现代经济探讨，2009 (4).

[41] 臧得顺. 农地流转的"宁阳模式"——宁阳县郑龙有机蔬菜合作社调查 [J]. 中国农民合作社，2010 (5).

[42] 张广霞. 山东省宁阳县发展农村土地流转合作社的调查 [J]. 中国农民合作社，2010 (5).

[43] 张正国. 社会主义新农村建设背景下农村中介组织创新分析 [J]. 改革与战略，2006 (08).

[44] 中华人民共和国农业部. 中国农业发展报告 [M]. 北京：中国农业出版社，1995.

［45］朱怡. 借鉴英国经验完善我国土地流转机制的研究［D］. 苏州：苏州科技学院，2007.

［46］Boucher, S., and Guirkinger, C., Risk, Wealth, and Sectoral Choice in Rural Credit Markets［J］, *American Journal of Agricultural Economics*, 2007（4）：89.

［47］Liu Yan-Hong, and Liu Jing, Fictitious economy and real estate securitization［A］, in Proceedings of 2009 International Conference on Education Management and Engineering［C］, 2009.

［48］Smithson, Simon, Financial Reform in Japan Institution Deregulation Entering Critical Phase［J］, *East Asian Executive Reports*, 1991（2）.